Change & Transform

想 改 變 世 界 · 先 改 變 自 己

Change & Transform

想改變世界・先改變自己

哲學不該正經學

哈佛笑魁開的哲學必修課

PLATO AND A PLATYPUS WALK INTO A BAR

UNDERSTANDING PHILOSOPHY THROUGH JOKES

丹尼爾・克萊恩Daniel Klein ｜ 湯瑪斯・凱瑟卡Thomas Cathcart

鄭煥昇　譯

謹以本書獻給我們在哲學上的太師祖——

格魯喬．馬克思 (Groucho Marx)[1]

我們的基本理念被他濃縮成一句話：

「以上是我們的原則，不能退但是可以換。」

1 一八九〇－一九七七，美國喜劇演員，以急智著稱。

〔推薦序一〕

哲學不用正經學，但一樣對你的人生有無限的幫助

大家都知道，強大的溝通能力，是人生成功的基礎。我個人認爲，在溝通能力中最重要的就是幽默感，因爲笑話像潤滑劑一樣，增加溝通中的順暢度。因此，做爲一個哲學教師的我而言，最大的願望就是，用笑話表達哲學。我知道這並不是容易的事，但在閱讀完本書後，我找到了答案。

平常我們哲學家都太嚴肅了，以致於很多人認爲，雖然哲學有用，但是聽不進去。甚至有人誤解，哲學就是把簡單的事情說得很複雜，讓人望之卻步。我一直想，這是哲學家溝通的問題，因此我在上課的時候，經常告訴學生，哲學不用那麼嚴肅，它可以很輕鬆。

《哲學不該正經學》實現了我的夢想。我的夢想有三部分：第一，對於哲學的理念要能夠融會貫通；第二，表達哲學理念時，要能夠深入淺出；第三，教導哲學的時候，

要讓學生聽得津津有味，不時還要哈哈大笑。我這三點夢想，不但充分表現在本書之中，而且在閱讀的過程中，我一直不停地笑。

本書的章節包含了所有嚴肅哲學的科目，例如：形上學、邏輯、認識論、倫理學、宗教哲學等等。從一個哲學工作者的角度而言，這些嚴肅的科目中，包含了許多艱澀的內容，以及在歷史中發展的脈絡。許多人在掌握這些內容與脈絡的過程中，遭遇到了極大的挑戰，以致於他們沒有把握，確切地掌握這些哲學內容。對於這一部分，本書採取了完全不同的角度。

在解釋不同哲學科目的過程中，作者總是以畫龍點睛的方式，在一開始提到一段對話。對話的內容很平淡，幾乎有點無厘頭，但的確是我們日常生活中有可能發生的談話方式。這種表達的方式，讓所有人會感覺到，其實哲學就是生活中的一部分。對於這一點，我對本書作者產生肅然起敬的感覺，因爲哲學要講得深入淺出，其目的就是重現日常生活中的智慧。

在掌握哲學理念之後，本書透過說笑話的方式，讓讀者了解，理解哲學的過程，就是理解笑話的過程。笑話令人發噱的主要原因，就是展示人性中最眞實的一面。在呈現人性的過程中，所有的事物，包含上帝、性慾、貪念、偷懶以及老婆，都是調侃的對象，但卻予人一種特別眞實的感受；笑話之所以好笑，就是因爲眞實。

求眞，就是哲學的定義，也是讓我們感到生活最豐富的面向。求眞並不代表我們擁有眞理，卻說明我們對於眞理的渴望。有的時候，當這種渴望變成一種失望的時候，並不表示我們應該覺得挫折，反而應該自我解嘲，承認這就是人的限制。因爲這個事實，所以我們會覺得，其實承認人有限制，可以是非常有趣的事情。最關鍵的是，在這些趣味中，哲學的理念卻因此而發散出來。我認爲這是本書最成功的地方，也就是透過笑話，表達哲學。

我很驚訝地發現，平常我看到的一些非常艱澀的論述，例如：存在主義、語言哲學、後設哲學等等，居然也都能夠在本書中以輕鬆的文字表達。這讓我情不自禁地覺得，推廣哲學的書籍，應當以本書爲範本。所有教哲學的人，都應當師法本書的編輯方式，讓哲學教室成爲一個愉悅的場合。讓大家發現，眞理其實凸顯的，不是知識的無錯性，而是人性中的幽默感。

本書的閱讀性之所以如此高，是因爲譯者的功力。他爲了維持本書的幽默感，不但把笑話的內容以極爲傳神的方式翻譯出來，甚至爲了要讓讀者有切身之感，很多地方是用台語翻譯的。這種翻譯的方式，不但讓我有在地的感覺，也讓我深刻地體認，原來幽默感是一種可以傳遞到世界任何角落的自然情感。對於譯者的努力，我要致上最高的肯定之意。

最後，我要向國內所有愛聽笑話的人，鄭重推薦本書。我希望你們在大笑之餘，也能夠掌握哲學的理念。最重要的是，哲學不用正經學，但一樣對你的人生有無限的幫助。

苑舉正
（本文作者為國立台灣大學哲學系教授）

〔推薦序二〕

哲學讓本來已經很有趣的東西，變得更有趣

哲學跟笑話的關聯之一，在於錯誤是一種令人發笑的方式。

如果你爬山遇到眼鏡蛇，最安全的應對方案包含兩個步驟：

①冷靜下來。

②找機會打爆牠的眼鏡。

若一個錯誤跟思考有關，而不只是誤信不正確的觀念，那麼分析這個錯誤的方式，可能涉及哲學和思辨。

文鴻在他的臉書貼了一張正妹照，上半身是亮眼的高領毛衣，下半身的短裙襯托出修長白皙的美腿。

文鴻自己按讚並留言：別再說男人只會注意女生的胸部了，我們才沒那麼膚淺。

對，但是社會指責男人在性方面膚淺，並不是因爲男人光看胸部，都不看腿，看腿並沒有比看胸部更不膚淺。

文鴻犯的錯，在批判思考課堂上叫做「稻草人謬誤」(straw man fallacy)：把對手的說法詮釋成另一個比較愚蠢的版本，再來攻擊。你以爲自己獲勝，其實你只是痛毆了一個在你看來長得很像對手的稻草人。

如你現在所見，許多錯誤分析之後，就不再好笑了。好笑話之所以是好笑話，在於作者提供恰到好處的線索，讓讀者憑自己的本事認出不對勁的地方。

有時候，這些不對勁的地方不只是笑點，也包含那些讓笑點成爲笑點的社會背景因素，例如上述笑話利用「男人在性方面膚淺」的刻板印象，以及其他笑話涉及的弱勢處境、對性的看法、關於女性怎樣才算守婦道、男性怎樣才算「雄壯威猛」的社會判準。

在這裡你可以看出哲學和笑話的另一種關聯：政治不正確有時候也是一種引人發笑的方式。

如果我們用哲學的眼光看，如同《哲學不該正經學》的作者們在第八章〈社會政治哲學〉裡試圖做的那樣，那笑話就不只是笑話，而是社會的鏡子。

你可以把《哲學不該正經學》理解成一本從哲學觀點幫笑話分類的笑話書。作者依照笑話涉及的主題和概念，把它們依照形上學、邏輯、知識論等哲學項目分類放好，並在每個分類底下跟主要的哲學觀點串起來。

對於念哲學的人來說，這是一本充滿行內趣味的書：如果書裡的哲學理論你都熟，作者搭配的笑話會讓你驚喜連連。哲學很抽象，因此討論哲學很看重具體案例，好笑的案例比不好笑的案例更好，除非你在討論的是轉型正義議題。

對於一般人來說，這是一本用笑話拐你去讀哲學的書。說實在，就算不管哲學，書裡蒐集的笑話大多本身就很好笑了，我自己最喜歡的一個是：

志彬家附近的沼澤是有名的鱷魚棲地。志彬的表親來訪，問說：「如果晚上拿著手電筒，真的就不會被鱷魚咬嗎？」

志彬：「那要看你晚上拿著手電筒可以跑多快。」

如果你在歡笑之餘也想知道那些笑話為什麼被放在那些段落、跟上下文之間有什麼哏，那麼，就去念點哲學吧。哲學可以讓本來已經很有趣的東西，變得更有趣，這種情況並不常見，你有理由好好把握。如果你對哲學眞的沒興趣，好啦，至少你也看了一堆好笑的笑話。

最後，身爲推薦人，我想說說我對這本書的期待。

老實說，我期待我是全世界唯一一個看過這本書的人，這樣一來，我就可以在我的各種哲學教學上獨占這些分類得仔仔細細的笑話。

朱家安

（本文作者為哲學雞蛋糕腦闆、沃草公民學院主編、簡單哲學實驗室共同創辦人）

〔推薦序三〕

哲學沒有標準答案，只有你的答案和我的答案

有個老公公進了門，喊了喊老奶奶，老奶奶都沒回應，這時老公公再次喊了喊老奶奶，老奶奶還是沒有回應，老公公很生氣，覺得自己老伴怎麼這麼重聽，是不是聾了，跑到了跟前，大喊：「妳是不是聾了！我喊了妳三次！」這時老奶奶回罵說：「你才聾了，我回了你三次你都聽不見！」

我們總以爲別人不知道，其實或許眞正不知道的是我們。

過去讀哲學是門硬知識，但本書兩位作者以「笑話皮，哲學骨」告訴你，哲學應該不正經，因爲沒有標準答案，只有你的答案和我的答案。

但誰的好！？那就和大師們在腦袋裡打一架就會知道！

鄭俊德

（本文作者為閱讀人社群主編）

〔推薦序四〕

嚴肅又優良的哲學作品，也可以由笑話寫成

最近流傳著一則關於川普的笑話：

記者：請問你為什麼入侵伊拉克？

川普：因為我們懷疑他們有大規模殺傷性武器。

記者：好！那你為什麼攻打敘利亞呢？

川普：因為我們懷疑他們有大規模殺傷性武器。

記者：好！那你為什麼不攻打北韓呢？

川普：因為他們真的有大規模殺傷性武器！

這則笑話之所以好笑在於，一方面最後一句話在邏輯上與前面自相矛盾；另一方面，嘲笑最後一句話本身就是自身立場的展現。笑話總是涉及內容與聽眾之間的關係，這種兩面性使笑話啓發了歷史上許多偉大的哲學家、思想家。早在古希臘時期，亞里斯多德就發現笑話中的政治不正確與國家控管言論自由的潛在衝突。佛洛伊德認爲笑

話如同夢境、口誤、自由聯想一樣，是揭露人類潛意識的管道之一。英國哲學家維根斯坦甚至說：「一個嚴肅又優良的哲學作品完全可以由笑話寫成」(A serious and good philosophical work could be written consisting entirely of jokes)。

這本《哲學不該正經學》就是一本優良的哲學作品，作者湯瑪斯・凱瑟卡、丹尼爾・克萊恩藉由笑話的內容分析引導讀者，淺嚐其中所涉及到的哲學議題，如：邏輯謬誤、倫理難題、存在的意義。這本書過去曾在台灣出版過，現在重新翻譯，使內文更符合讀者習慣的笑話脈絡，如：「機趣」(zinger) 重翻成用來噹人的「爆點」、「自己訂」(self-serving) 重翻成「自肥」，其中也將一些笑話對白改譯，使閱讀更加流暢。

本書的章節安排依照哲學的學術傳統分類，讀者可以從自己感興趣的主題著手，如果你很忙的話，不妨先翻翻看這三則讓我在圖書館笑出來的笑話：第二章〈邏輯〉的蕾絲邊（63－65頁）、老婆得不到性滿足（69－70頁）、第四章〈倫理學〉中小機機被割掉的笑話（139頁）。爲什麼是選這三則笑話呢？因爲我很忙。

《哲學不該正經學》是一本少量多餐的笑話集，也是一本入門的哲學導論，適合讀者爲：愛聽笑話的人、對哲學有興趣的人，還有……早餐店飲料封膜廠商。

超級歪

（本文作者為哲學普及 Youtuber）

〔推薦序五〕

哲學很難懂？原來是我打開的方式不對！

這是一本介紹哲學的書，也是一本西方笑話大全集。一般人可能會覺得很衝突：怎麼可能！哲學是那麼嚴肅、正經的東西，怎麼可能會跟笑話沾上邊？——確實，哲學是一門很嚴肅、很艱深的學問，所以當我們把它轉化成笑話的素材時，反而才形成更大的反差與荒謬感，因而造成意外的「笑果」。也許是因爲我本身對哲學已經有了一點粗淺的理解，所以在讀這本書時往往會心一笑，覺得書中收錄的笑話眞是妙語如珠，想不到用笑話的方式來表達那些很難懂的哲學理論，竟然那麼「傳神」，就像一本西方版的《世說新語》。如果你覺得一般市面上的哲學入門書籍都很嚴肅、很無趣的話，建議你可以試試看這一本，也許你會發現這才是正確打開「哲學」的方式。

厭世哲學家

目錄

引言

超有哏哲學，登場！

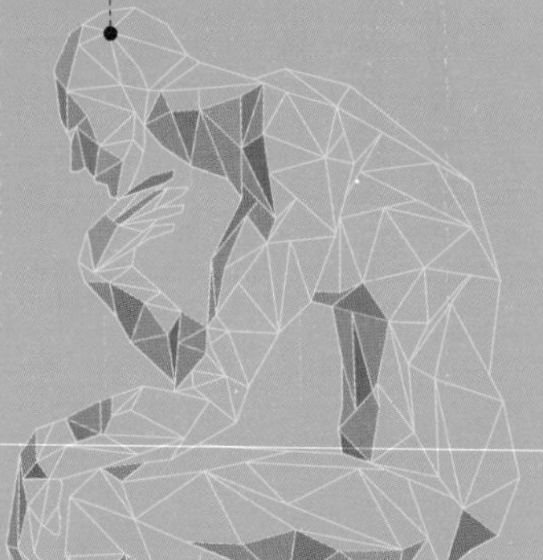

METAPHYSICS
LOGIC
EPISTEMOLOGY
ETHICS
PHILOSOPHY OF RELIGION
EXISTENTIALISM
PHILOSOPHY OF LANGUAGE
SOCIAL AND POLITICAL PHILOSOPHY
RELATIVITY
META-PHILOSOPHY

迪米崔：把世界扛起來的是阿特拉斯 (Atlas)[2] 嘛，那把阿特拉斯扛起來的是誰？
塔　索：阿特拉斯腳下踩著隻烏龜啊。
迪米崔：那烏龜腳下是什麼呢？
塔　索：烏龜腳下是另外一隻烏龜。
迪米崔：那第二隻烏龜的腳下又是什麼呢？
塔　索，迪米崔寶貝，**往下一路都是烏龜啦**！

這一小段古希臘的對話，完美地說明了何謂哲學上的「無窮回歸」(infinite regress)。會提到無窮回歸，往往是因爲我們討論到第一因 (First Cause) 是否存在，而所謂第一因，說的是生命、宇宙、時間、空間，乃至於造物者的起源。造物者一定也是有人創造出來的，所以我們沒辦法把因果關係的最後一棒，也就是上頭故事裡由烏龜所代表的東西給交到造物者的手中，然後就打完收工「全劇終」。造物者不是最後一棒，他後面那位也不是最後一棒，他後面的後面那位也不是最後一棒，因爲往下是數不清的造物者。對不起我好像搞錯了方向，造物者好像應該往上找，感覺比較對。

LEARN MORE

你要是覺得無窮回歸好像對你的理解幫助不大，那你可以參考看看「從虛無中創造」(creatio ex nihilo) 的法則，也就是無中生有的意思。又或者像約翰．藍儂 (John Lennon) 在一個稍微不同的上下文中所言：「貓王之前，是一片虛空。」

但就讓我們再一次傾聽老塔索所說。他回嗆的那句「往下一路都是烏龜啦！」除了內容讓人振聾發聵外，聽覺上也絕對有說笑料、抖包袱時那種一拳打下去，使人不禁噗哧的效果，誠可謂餘音繞樑，三日不絕於耳！吧─噠─砰，原來是這樣！

但我們不該爲此感到驚訝。就架構與效果而言，笑話跟哲學概念原本就是同根生。兩者把大腦當正妹「撩」的手法有異曲同工之妙，因爲哲學與笑話都源自於同一股衝動，那就是要攪亂一池春水，混淆人對於現實的認知，讓我們感覺翻天覆地，進而把

2 希臘神話裡的擎天之神。

我們內心深處那讓人不舒服的人生眞相給 call 出來。哲人供人領悟的「見解」，就是笑匠用來噹人的「爆點」。

比方說，我們可以來看看下面這個經典的笑話。表面上，這個笑話聽來只是很瞎、很搞笑而已，但靜下心來想一想，這笑話訴說的正是英國經驗主義哲學的核心問題：對於想要理解這世界的我們來說，什麼樣的資訊才眞正值得倚靠？

> 老莫回到家，赫然發現老婆跟自己最好的朋友盧在床上一絲不掛。但老莫還來不及開口，盧就一個鷂子翻身跳下了床說：「老莫，在你開罵之前，容我先問你一句，你相信自個兒的眼睛，還是相信我這個老朋友？」

透過對感官經驗的優先性提出挑戰，盧丟出的問題是哪種資料比較滴水不漏？理由又是什麼？用 A 辦法去蒐集資料（睜開眼睛看）一定會比 B 辦法（出於對朋友的信任去接受盧的說詞）更令人放心嗎？

針對「笑話皮，哲學骨」，我們再看另一個範例。這個小故事開的是「類比論證」的玩笑。所謂類比論證，說的就是兩個相同的果，必然有一個相同的因：

一名九十歲的老翁在看病的時候說：「醫生啊，我十八歲的太太懷孕了。」
醫生說：「是喔，那我跟你說個故事。有個男人去打獵，但他閃神把雨傘當成槍給帶了出門。到了野外，一隻熊朝著他衝了過來，他本能抓起雨傘，作勢開了一槍，熊就這樣被他打死了。」
聽完故事的老翁說：「這怎麼可能，一定是旁邊別人開的槍吧。」
醫生最後說：「沒錯，你不笨嘛。」

這則笑話，把類比論證解釋得再清楚也不過了。現代人常愛用這種哲學論述來主張「智能設計論」，他們認爲眼球的結構如此精巧，舉頭三尺肯定有一位眼球設計師，但這眞的是一種誤用。

我們可以沒完沒了地用笑話來闡述哲學，事實上本書就打算這麼做。我們會從不可知論談到禪學，會從詮釋學談到哲學上的永恆概念。我們會告訴你哲學上的概念如何變身成笑話而老少咸宜，而笑話又是如何能從頭到尾滿滿的精闢哲理。等等，這兩句話不是同一個意思嗎？嗯，我們可以等會兒再繞回來回答你這個問題嗎？

闖進哲學課的學生常以爲老師會開釋一下，嗯，人生意義之類的東西，沒想到上課鈴響後等到的是一個外型不修邊幅、邋裝配色還莫名其妙的傢伙。慢條斯理的他登上講台，滔滔不絕起的不是人生的意義，而是「意義的意義」。

老師一劈頭的四個字會是：開宗明義。他會說在本課能回答大小任何問題之前，我們首先必須了解問題本身代表什麼。勉爲其難地姑且聽下去，我們很快就會發現這傢伙講的東西其實超級有趣。

哲學——或者說哲學家——就是這麼回事。問題會生出問題，而被生出的問題又會瓜瓞綿延地繁衍出下一代的一狗票問題。沒錯，**往下是數不清的問題**。

問題雖然多，但我們可以從最基本的開始。比方說，「這一切的意義在哪裡？」或「眞的有上帝嗎？」或「怎樣才算做自己？」或「我是不是走錯教室了？」……但不用多久，我們就會發現想回答這些根本的問題，我們必須先問一些其他的問題。而就在這樣的過程中，一系列的哲學流派也就分工了起來。這些哲學分支會各自去鑽研特定的「大哉問」，而他們的做法就是針對大哉問底下的小問題去提出質疑並嘗試釋疑。**這樣大家有問題嗎**？

按照這樣的分流，「這一切的意義在哪裡？」屬於哲學裡「形上學」(Metaphysics) 的領域；「眞的有上帝嗎？」是宗教哲學討論的範疇；「怎樣才算做自己？」是存在主義要回答的問題；「我是不是走錯教室了？」可歸在哲學中一個新的分支叫做「後設哲學」（Meta-philosophy，又譯爲「元哲學」）。你可以把後設哲學想成「哲學學」，也就是在問「哲學是什麼玩意兒？」的學問。哲學的招牌下有數不清的分支，每一個分支都對應著不同的問題組與概念群。

我們的這本書不是按照時間，從古至今這樣介紹下來，而是按照我們晃進第一堂哲學課時的內心世界來分類——我們當時心中懷抱著哪些問題，以及這些問題應該去找哪些哲學分支來「對症下藥」。本書很棒的一點是「一個蘿蔔一個坑」，每一條哲學分支，都正好有一票笑話以同樣的觀念領域為家（這純粹是巧合嗎？還是有智慧生物在幕後操盤？）。話說我們會想把哲學跟玩笑話這樣龍配龍、鳳配鳳，一大部分得從當年發生的事情說起：話說初次在下課後晃出哲學教室的我倆是那麼的一頭霧水，課堂上的一切都讓我們百思不得其解。我們深信自己的小腦袋瓜永遠不可能搞懂這些莫名其妙的玩意兒。但也就在這個關鍵時刻，一名研究所的學長朝我們漫步了過來。就是他，對我們說了老莫回家發現好友跟老婆同床的笑話。

「這才叫哲學嘛！」他說。

我們覺得這不單是哲學，**這是超有哏的哲學**。

第一章

形上學

形上學的內涵是硬碰硬底下這些
大問題：什麼叫做存在？
現實的本質是什麼？
人有自由意志嗎？
一根針頭上可以有幾個天使跳舞？
換個燈泡需要幾個天使聯手？

METAPHYSICS
LOGIC
EPISTEMOLOGY
ETHICS
PHILOSOPHY OF RELIGION
EXISTENTIALISM
PHILOSOPHY OF LANGUAGE
SOCIAL AND POLITICAL PHILOSOPHY
RELATIVITY
META-PHILOSOPHY

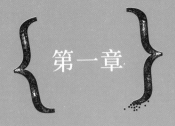

迪米崔：塔索啊，我最近為了件事有點小煩。
塔　索：怎麼啦？
迪米崔：我在想這一切的意義在哪裡？
塔　索：一切什麼？
迪米崔：你知道的啊，生命、死亡、愛——像葡萄葉捲飯[1]那樣包起來的一切。
塔　索：你怎麼會覺得任何東西有任何意義？
迪米崔：因為沒有意義說不通啊。要是沒有意義，那人生不就只是……
塔　索：就只是什麼？
迪米崔：我看我得來杯烏佐酒(Ouzo)。[2]

目的論

宇宙有其目的嗎？

按照亞里斯多德的說法，萬事萬物都有其**目的**(telos)。而所謂目的，就是事物生來理應達成的內在目標。橡實有個內在目標：橡樹。長成橡樹是橡實「理應達成」的目的。此外鳥兒生來有個目的，蜜蜂也有個目的。有人說把地點拉到波士頓，就連豆子也都有個目的。少了豆子，波士頓都不波士頓了。[3]

如果你覺得這麼解釋還是太抽象，太遙不可及，下面故事裡的葛德太太會用長鏡頭幫你把畫面拉近，讓地球上的你看個清晰。

葛德太太跟兩個金孫走在街上，一個經過的朋友寒暄問道兩個小朋友多大了。

葛德太太回答說：「醫生今年五歲，律師今年七歲。」

人生有其**目的**嗎？

亞里斯多德覺得有。他覺得人生的目的在於幸福，惟人類歷史上不斷有其他哲學家爭論這點。如七百年後的聖奧古斯丁[4]就認爲生命的**目的**在於敬愛上帝。對二十世紀

1 原文 Stuffed grape leave，希臘文為 Dolmakadia，可上溯至亞歷山大大帝時期的希臘菜餚，做法是以葡萄葉將飯、肉、菜包起後烹熟。
2 茴香味的開胃酒，是希臘文化的象徵。
3 波士頓號稱豆城（beantown），波士頓焗豆以糖漿與培根一起烹調而成，甚具特色。
4 西元前三五四－四三〇，生於羅馬帝國末期的北非，為基督教早期的神學家與哲學家。

的存在主義者如海德格（Martin Heidegger）[5]而言，人活著的**目的**在於誠實地面對人生的眞相，特別是死亡。**追求幸福？哼，膚淺至極！**

人生的意義有多少，開人生意義玩笑的笑話就有多少。而回過頭來說，哲學家有多少，人生的意義就有多少。

有個人在追尋人生奧義的過程中聽聞全印度最有智慧的大師住在印度最高的深山裡頭。於是這人便翻山越嶺，途經德里，最後他終於來到了傳說中有高人居住的山脈。他一路上遭逢無數的懸崖峭壁，三番兩次險些失足。等好不容易來到山巔，他已經渾身青一塊、紫一塊地傷痕累累，所幸皇天不負苦心人，他終於千山萬水來到大師靜修的洞穴前，只見大師正在裡頭盤著腿。

「喔，睿智的大師啊，」求道者開了口，「我千里迢迢來此，希望能求大師示下人生的奧義是什麼？」

「喔，是了，人生的奧義是吧，」大師開了金口。「人生的奧義就是茶杯。」

「茶杯？我千辛萬苦爬上山來求道，結果你跟我說人生的道理是個茶杯！」

大師聽完，淘氣地聳了聳肩說：「所以也許人生意義不在茶杯？」

大師的表現，告訴了我們一件事情，那就是人生的**目的**就像滑溜的泥鰍，非常不好掌握。再者就像有人喝茶，有人喝咖啡，也不是每個人都喜歡或適合在人生意義的屁股後頭追。

整體人類存在的**目的**（人類該何去何從）跟某個個體在其短暫人生中想達成的**目標**（他或她想成爲什麼），是該分別談的兩件事情。就以下方故事裡的牙醫山姆來說，他是真正在尋找放諸四海皆準的人生意義，或者只是在忙他自己的事情？感覺上知子莫若母，山姆媽媽心裡已有定論。

> 費城一名牙醫師山姆．李普希茨（Sam Lipschitz）去到印度找尋生命的意義。幾個月過去音訊全無。最後做媽媽的實在受不了了，她搭上了飛機，來到印度，然後開口說要見此地最有智慧的人。不遠千里而來的山姆媽媽被導引到一處「阿斯藍」（ashram），也就是印度教高僧的修行之所，但那兒的守衛說她得等上一星期，才能

5 一八八九－一九七六，德國哲學家。

與大師見上一面，而且見面時她只有三個字的額度可以向大師提問。於是她花了一個星期的時間等待並苦思要如何善用這寶貴的三個字。最後被領著來到智者面前後，她開口對大師說的是：「走，回家！」

LEARN MORE

去查形上學的英文「metaphysics」一詞，字典會告訴你這字源自亞里斯多德的同名專論，並且說形上學所處理的是抽象程度超越（meta-）科學觀察的各種問題。但這其實構成了拉丁文裡所謂「*post hoc hokum*」的案例，也就是「事後亂牽拖、馬後炮、穿鑿附會」的意思。亞里斯多德從來沒有稱呼自己的專論是「形上學」，更沒有處理什麼科學範疇之外的問題。事實上，這篇文章被冠上「形上學」之名，是西元一世紀的事情。當時是有一名編輯在彙整亞里斯多德的作品集，而這篇專論之所以被套上「形上學」的標題，只是因為前面那一章是「有形」的「物理學」（physics），所以跟在後頭的自然就被叫做「超越」物理的「形上學」了。

本質主義

現實的結構爲何？某樣事物之所以是某樣事物，是因著什麼樣的特性？或者如哲學家老愛說的，某樣事物之所以不是其他事物，是基於什麼樣的特性？

亞里斯多德認爲事物有屬於其本質的特性，也有其偶然沾染上的特性，他認爲這是兩種不同的東西。他老人家的解釋是一項特性如果不能沒有，否則某樣東西就會成不了某樣東西，那這就是所謂的「本質特性」。換句話說少了「本質特性」，一樣東西就會失去它的「身分」，至於「偶然特性」則只能改變某樣東西的「狀態」，而不能改變某樣東西的「身分」。比方說，亞里斯多德覺得理性是人的本質特性，而由於蘇格拉底是個人，所以蘇格拉底的理性就是他身爲蘇格拉底的本質特性。少了理性這個特質，蘇格拉底就瞬間失去了蘇格拉底的身分。畢竟不理性的他連人都當不成了，又怎麼能是蘇格拉底呢？另一方面，亞里斯多德認爲朝天鼻只是蘇格拉底的「偶然特性」。朝天鼻是蘇格拉底的一種狀態，但這不代表他的身分或本色。換句話說，拿掉他的理性，蘇格拉底將不再是蘇格拉底，但帶他去醫美隆鼻，他只會變成一個鼻子很挺的蘇格拉底。而這，也讓我們想起了一個笑話。

年至七旬的湯普森決定徹底改變自己的生活來延年益壽。他開始嚴格控制飲食，開始慢跑、游泳、曬太陽。就這樣才短短三個月，湯普森就甩掉了十三四公斤的肥肉，腰圍也減了六吋，胸圍更像變了個人似地大了五吋。改頭換面後風度翩翩而皮膚黝黑的他決定最後來個帥氣十足的髮型，他想這樣子變身就大功告成了。沒想到功德圓滿之後他一踏出美容院，就被輛公車給撞飛了。

奄奄一息的他躺在地上哀聲喊道：「神啊，祢怎麼忍心這樣對我？」

這時一道聲音從天而降，竟是上帝回答他說：「湯普森嗎？歹勢啦，我剛剛沒認出來是你！」

湯普森會如此時運不濟，是因爲他改變了自己的某些偶然特性，但我們都知道在回春的外表下，湯普森仍舊是湯普森。湯普森也知道自己仍舊是湯普森。事實上，這個笑話之所以好笑，就是因爲你知我知獨眼龍也知道湯普森是誰，就只有上帝不知道。說好的全知全能呢？

本質特性與偶然特性的區別，還啓發了不少同脈絡的笑話。

艾柏：索爾啊，有個謎給你猜。什麼東西是綠色的，掛在牆上，然後會吹口哨？

索爾：太困難了，我放棄。

艾柏：鯡魚。

索爾：鯡魚哪是綠的啊？

艾柏：你拿水彩塗一塗不就綠了。

索爾：那也沒有人會把鯡魚往牆上掛啊。

艾柏：你不會拿釘子釘一下喔。

索爾：但鯡魚總不會吹口哨吧！

艾柏：啊不會就不會，不然你想怎樣。

下面的版本，可能沒辦法讓你在紐約卡洛琳喜劇俱樂部登台時贏得滿堂彩，但應該可以幫你在美國哲學協會的年會上加點印象分數。

艾柏：有個物件 X 具備綠色外觀、適於壁掛，與有吹哨能力等三項特質，請問這是什麼？

索爾：我想不出有什麼東西可以符合這樣的特徵描述。

艾柏：答案是鯡魚。

索爾：鯡魚不具備綠色的外觀。

艾柏：綠色外觀確實不屬於鯡魚的本質特性，索爾兄，但鯡魚也可以偶然變成綠色吧，不是嗎？別跟我說你沒畫過水彩。

索爾：但是鯡魚也不適合壁掛啊。

艾柏：要是你一個不小心，偶然拿釘子把鯡魚釘到了牆上呢？

索爾：怎麼可能有人「不小心」把鯡魚釘到牆上？

艾柏：相信我，天下沒有不可能的事情，這就是哲學。

索爾：好吧，但鯡魚總不具備吹口哨的能力了吧，再怎麼偶然或不小心也不可能。

艾柏：嗯，那你去告我好了。

索爾跟艾柏轉頭面對美國哲學協會的聽眾，現場鴉雀無聲。

索爾：現在是怎樣，斯多噶主義（Stoicism）[6]的信徒今天大集合喔，怎麼都沒反應？欸，今天就算是尼采[7]跟教宗的搭檔，台下笑聲都會比這大吧。

有的時候，一個物體會具有乍看之下是偶然的特性，但看了下面的笑話，你就會知道某些特性只在一個範圍內屬於偶然。

「為什麼大象又大、又灰、又皺巴巴？」

「因為又小、又白、又圓滾滾，那牠就變成阿斯匹靈了。」

我們可以想像小個頭的大象，我們會說牠是隻「嬌小可愛的大象」。我們甚至可以想像一隻棕灰色皮膚的大象，我們會說牠是隻「帶著點棕灰色的大象」。皮不皺的大象會是隻「看不到皺紋的大象」。換句話說，大、灰、皺都沒有通過亞里斯多德的「大象本質特性」測驗。這三個字所形容的是大象普遍但又非本質的偶然狀態。只不過根據上面的笑話，大、灰、皺不影響大象本質這點是有極限的。一樣東西如果小、白、圓潤的程度達到阿斯匹靈的水準，那它就決計不可能是大象了。面對這樣的物體，我們絕對不會忍不住問出：「鲍勃，你現在要吞下去的那顆東西是阿斯匹靈？還是一隻非

6 古希臘哲學的一支，主張智者應該要屏除激情，不因喜怒哀樂或愉悅痛楚而表達出情緒。

7 德國哲學家，主張上帝已死。對近代哲學的發展影響極大，尤其是存在主義及後現代主義。

典型的大象？」

我們想說的是，大、灰、皺作爲修飾語，都不具備足夠的精確性來擔綱大象的本質特性。眞正能決定一樣東西是大象或不是大象的，必須是明確的尺寸區間與顏色範圍，乃至於其他可以明確定義的東西。至於皺這件事，則可能是隻英文裡說的「紅色鯡魚」，也就是其實並非重點但卻又引人注目的東西，我在想那一定是隻會吹口哨的紅色鯡魚。

理性主義

現在讓我們換換口味，一起來認識一種跟本質主義南轅北轍的新玩意兒，這是形上學的一個流派，而且是一種我們兩人都還沒開口，就已經被酸得一塌糊塗的的哲學分支。不過這些酸言酸語也有一個小問題，那就是他們都沒有酸到理性主義(rationalism)的要害。

十七世紀的理性主義哲學家萊布尼茲 (G. W. Leibniz) 有句名言：「在世界的各種可能性之中，現世是最好的一個」，但這其實也算是一句失言，因爲此話讓他成爲眾矢之的，各種嘲諷一擁而上，毫不留情。這一切要從十八世紀的《憨第德》(*Candide*) 說起。

憨第德是伏爾泰（Voltaire）[8]同名小說中的男性主人翁，而在這個笑料橫生的故事裡，淳厚善良的憨第德有位精神導師是潘格羅斯博士（Dr. Pangloss），而這位博士，就是伏爾泰筆下萊布尼茲的化身。在四處旅行的過程中，年輕的憨第德遭遇到鞭笞、不公不義的處刑、瘟疫，還有一場以里斯本大地震作爲原型的天災（一七五五年十一月一日，一場震災將里斯本夷爲平地）。但憨第德如此多舛的命運，也撼動不了潘格羅斯博士的心志，這位導師仍舊堅持「在這個不可能更好了的世界上，所有事情都是最好的安排。」就連札克這個悲天憫人的再受浸派（Anabaptist）[9]荷蘭人落海了，憨第德要跳下去救，潘格羅斯都把他攔了下來。潘格羅斯向他證明了「里斯本灣的形成，正是爲了讓札克在裡頭溺斃」。

兩個世紀後的一九五六年，大師伯恩斯坦（Leonard Bernstein）在音樂劇《憨第德》裡補了一刀。這齣音樂劇裡最出名的曲目《美好至極的世界》（*The Best of All Possible*

8 一六九四－一七七八，本名馮斯瓦－馬利．阿魯埃（François-Marie Arouet），為法國啓蒙時代思想家，與盧梭、孟德斯鳩為法國啓蒙運動的三劍客，伏爾泰為其筆名。

9 歐洲宗教改革的一支，強調和平主義與對政府權威的懷疑，現今過著簡樸生活的艾米許人（Amish）被認為直接起源於再受浸派。

Worlds）安排了潘格羅斯率眾演唱由李察．威爾布（Richard Wilbur）譜寫的歌詞來讚頌戰爭是「塞翁失馬，焉知非福」，因爲戰爭可以把受害的所有人團結起來。

LEARN MORE

不甘寂寞的泰瑞．薩森（Terry Southern）跟梅森．赫芬伯格（Mason Hoffenberg）合著了尺度也很大的小說《甜心肯蒂（暫譯）》（*Candy*），內容講述肯蒂這個天真的少女雖然一而再再而三地遇人不淑，被所有邂逅的男人占盡了便宜，但還是不改其純真與樂觀。《甜心肯蒂》在一九六四年被拍成電影，衆星雲集的卡司裡還包括披頭四成員裡的哲學家，林哥．史塔（Ringo Starr）。

以上的東西都能讓人哈哈兩聲，但很不幸，他們通通誤解了萊布尼茲的哲學。萊布尼茲是個理性主義者。作爲哲學上的專有名詞，「理性主義者」代表一個人覺得在知識的取得上，理性應優於其他方法（相對於經驗主義者主張感官知覺才是通往知識的主要途徑）。萊布尼茲之所以會導出他認爲這世界已經是「最佳解」，純粹靠的是以下的理性推論：

①上帝要是沒有決定要創造一個世界，那我們連現在這個世界都沒有。

②邏輯上的「充分理由律」(principle of sufficient reason) 主張當選項不只一個的時候，誰被選而誰沒被選都一定有其理由。

③在上帝選擇創造哪個世界的時候，祂的理由一定可以追溯到祂自己身上，因爲創世之前是一片虛空。

④因爲上帝全能且道德上無懈可擊，因此祂所創造出的世界一定是極致的作品。

經過思考，你會發現在這樣的狀況下，唯一可能的世界就是完美的世界。能力沒有邊界，道德又完美無瑕的上帝，不可能交出不是最好的作品。

伏爾泰、伯恩斯坦、薩森與赫芬伯格之所以酸溜溜地火力全開，都是因爲他們認爲萊布尼茲的意思是：「這個世界多麼美好，空氣多麼清新。」但眞正的萊布尼茲並不覺得這世上不存在邪惡。他只是覺得上帝若是以其他方式來創造世界，產生的邪惡只會更多。

還好，清醒的人不是沒有，我們還是找到了兩個笑話沒辜負萊布尼茲哲學的要旨。

樂天派覺得這個世界簡直好到不能再好了，悲觀主義者擔心這世界最好就是這樣而已了。

上頭這個笑話告訴我一件事情，那就是樂觀主義者認同這世界已經是最好的安排，而悲觀主義者則認爲這世界很壞、很悲哀。但從萊布尼茲的理性主義角度觀之，這世界只是靜靜地「做自己」而已。這個笑話釐清了一個顯而易見的事實，那就是樂觀與悲觀都是個人的主觀認知，而主觀認知是一回事，萊布尼茲對世界的中性暨理性描述又是另外一回事。

樂觀主義者說「杯子已經滿到一半」。

悲觀主義者說「杯子有一半空著」。

理性主義者說「杯子容量比所需大了一倍」。

這樣解釋，就跟玻璃杯裝白開水一樣清楚了吧。

無窮與永恆

話說回來，不論這世界是好是壞，我們都只是短暫的過客。但所謂的短暫是相對於什麼呢？像空白支票一樣隨便你填的無限多年嗎？

形上學的學者一直苦思著無窮的概念，那對他們來說是一種，嗯，無窮無盡的永恆折磨。但離開形上學的範疇，學者們對於無窮這個概念的執念，嗯，就還好而已。

兩條牛站在草原上，其中一條轉頭對另外一條說：「圓周率雖然一般都只簡略到小數點後面四位數，但 π 其實可以無窮無盡地寫下去。」

第二條牛轉頭對開口的第一條說：「有差嗎？我**哞**意見。」

下面的笑話集合了永恆的概念跟哲學概念裡的另外一個搞笑的傢伙：**相對性**。

一名女性被她的醫生告知自己只剩六個月可活了。「有什麼我可以做的嗎？」她問。

「嗯，有件事妳可以試試看，」醫生給了回應。「妳可以趕緊找個會計師嫁了。」

「這樣講對大家有點歹勢啦，
但其實每一件事之所以發生，都沒什麼像樣的理由。」

LEARN MORE

跟漫畫裡的上帝比起來，萊布尼茲算是投向了另外一個極端（右圖中的上帝喔，不要跟你頭頂上的那位搞混了）。作為一位理性主義者，萊布尼茲並不滿足於說每件事「就這麼發生了」，因為這就等於在說「什麼事情都有可能發生」。他覺得每件事都有**不能不**發生的**理由**。西雅圖的雨量為什麼大過阿布奎基（Albuquerque）？[10] 因為條件A、B、C讓反過來的情形沒有發生的餘地。事實上，因著條件A、B、C，任何其他的情形都完全沒有發生的機率。如果停在這裡，那我們大多數人都會同意萊布尼茲認為西雅圖一定比較會下雨的觀點，尤其如果你是西雅圖人的話。但萊布尼茲還主張連走在下雨前面的條件A、B、C，條件A、B、C的條件甲、乙、丙，乃至於條件甲、乙、丙的條件壹、貳、參，這乖乖隆地咚一路往回推，條件都不可能改變。這就萊布尼茲所謂的「充分理由律」，意思是任何現況之所以是現況，其理由就是現況不可能是其他狀況。一個宇宙若當中的西雅圖並沒有特別會下雨，**所有會導致異常雨量的條件**也都沒有到齊，那這個宇宙就根本不成為宇宙。那會是一團混亂，宇宙將喪失其一體性，萬物將各奔東西。

「這對我的病情能有幫助嗎？」女子一臉狐疑。

「喔，這對妳的病情一點幫助都沒有，」醫生說，「但當會計師的老婆度日如年，六個月會感覺好像永遠！」

這個笑話所帶出的哲學問題是：「一段有限的時間，比方說半年，怎麼能與無窮的永恆同日而語呢？」會這樣問，就代表你不懂跟會計師生活有多麼度日如年。

命定論 vs. 自由意志

我們在活在當下的同時，能對自身的命運有些許控制力嗎？

在以百年為單位的歲月長河中，哲學多有所著墨的一個問題是：人類究竟能否自由去決定事情並採取行動，抑或我們的決定與行動都操之於遺傳、環境、歷史、命運，與微軟公司等外在力量？

希臘的悲劇作家強調人物性格對事件走向的影響力，他們認為人的性格必然有其缺陷。

被問到相不相信自由意志時，二十世紀小說家艾薩．巴什維斯．辛格（Isaac

Bashevis Singer) 頑皮地回答說：「我有得選擇嗎？」（這其實也正是若干哲學家一臉正經所採取的立場：我們不得不相信自身的自由意志，否則我們就沒有基礎去相信人應負的道德責任。少了自由意志，道德判斷就會脫離人類的控制。

晚近有種看法是不受控的心理學因素會決定人類的行爲，而這種看法不斷入侵道德責任觀的結果，就是我們現在有了所謂的「Twinkie 抗辯」。[11] 殺人犯會主張是 Twinkie 奶油蛋糕裡的砂糖讓他不由自主去犯下暴行。這其實就是換句話說的「都是惡魔害我的」，只不過套上了心理學術語的包裝。

但話又說回來，某些命定論者會說：「讓我這麼做的是上帝。因爲事實上，上帝早就把宇宙裡的每一件事都決定好了，而且是連所有的小細節都不放過。」十七世紀猶太裔荷蘭哲學家史賓諾莎 (Baruch Spinoza) 與十八世紀美國神學家強納生・愛德華茲

10 美國新墨西哥州第一大城，每年有三百天以上是晴天，境內自然景觀占總面積超過1/4，為美國自然愛好者最喜愛的城市之一。

11 一九七八年，在市政委員丹・懷特 (Dan White) 殺害拒絕讓其復職的舊金山市長莫斯孔尼 (George Moscone) 一案中，辯護律師提出丹・懷特心神喪失而應獲減刑的申辯，並以丹・懷特狂吃 Twinkie 甜點作為其心神喪失的證明，後以訛傳訛變成律師主張被告心智受到甜點的影響。

(Jonathan Edwards) 都是這類神學命定論的支持者。下方故事裡的老鷹、青蛙與卡車司機都大概以爲自己有選擇與行動的自由。

摩西、耶穌跟一名蓄鬍的長者在打高爾夫。摩西開了一記遠球先落在短草區上，但隨即就直接朝著池塘滾去。摩西舉起球桿，將池內的水一分為二，然後小白球就安全地滾到了另一側的池畔。

耶穌開球也直朝同一個池塘而去，而就在眼看著球要落進池中心時，小白球懸在了水面上，然後只見耶穌不急不徐踏著池水表面而去，將球切上了果嶺。

蓄鬍的老人開球打到了圍籬，球彈到了街上，打到迎面而來的卡車，然後又回到了短草的球道上。接著球又朝著池塘而去，但老人的球沒有沉入池底，而是落在了池面的睡蓮葉上。蓮葉上一隻青蛙看到球就一口含進嘴裡，接著一隻老鷹俯衝而下，抓住青蛙然後振翅而去。沒想到就在老鷹飛過果嶺上頭的時候，青蛙把小白球吐了出來，替老人完成了一桿進洞。

摩西轉頭對耶穌說：「你看就是這樣，所以我才討厭跟你爸打球。」

歷程哲學

會有哲學家跳出來挑戰「大有為」的上帝，不認同神會像有強迫症一樣插手世上每一件事情，只是時間的問題。像二十世紀哲學家懷海德 (A. N. Whitehead) 就主張上帝不僅沒有能力決定未來——反倒未來才是上帝的主宰。根據懷海德所提出的「歷程哲學」(process philosophy)，神既不全能，也不全知，反而會隨著事件的開展而有所改變。又或者如新世紀 (New Age)[12] 人士喜歡說的：「神，也是演化出來的呢。」

艾爾文原本在自個兒店裡忙進忙出，卻突然聽到頭頂上一聲青天霹靂，那聲音說的是：「艾爾文，把店給我賣了！」艾爾文當作沒聽到。但這聲音連續了好幾天說：「艾爾文，用三百萬把你的店給賣了！」經過好幾個星期的疲勞轟炸，艾爾文終於動搖而賣掉了生意。

12 新世紀運動起源於現在人普遍心靈空虛的一九六〇到八〇年代，吸收各大宗教的元素與環保主義形成個人化的精神，論述中常見身心靈等用語。

但事情並沒有劃下句點。這股聲音接著喊道：「艾爾文，快去拉斯維加斯！」艾爾文這次問了理由。但那聲音只說：「艾爾文，把你賣掉生意得到的三百萬帶去拉斯維加斯。」就這樣艾爾文來到了賭城，還進了間賭場。

那股聲音說：「艾爾文，去二十一點的牌桌坐下，然後第一把就直接梭哈！」

艾爾文遲疑了一下，但還是就範了。牌發下來，他拿到了十八點，而荷官的兩張牌裡則亮出了一個六。

「艾爾文，再要一張牌！」

「蝦米？莊家翻開的那張牌才六點耶……」

「就跟你說再要一張牌！」

艾爾文於是向荷官補了一張牌，結果他拿到的是個 A 士。手握十九點的他鬆了口氣。

「艾爾文，再要一張牌。」

「什麼？」

「我說**再要一張牌**！」

艾爾文乖乖地補了第二張牌，結果又是張 A 士。這下子他就是二十點了。

「艾爾文，再要一張牌！」那道聲音再度喝令。

「**我已經二十點了耶**！」艾爾文忍不住放聲大喊。

「再・要・一・張・牌！」那道聲音瞬間如雷貫耳。

「再給我一張！」艾爾文拗不過那聲音的主人。結果好死不死又是一張A士。這下子就二十一點了！

天上的「廣播」最後說：「挖，還真給我矇到了！」

嘿，這種會嚇到自己的上帝比較可愛，不是嗎？

簡約原則

哲學圈裡始終不乏反對形上學的勢力，而集其大成的高峰發生在近兩世紀科學世界觀的勝利。最極端的魯道夫・卡納普 (Rudolf Carnap) 與很多人誤以爲是七〇年代某個迪斯可樂團的維也納學派 (Vienna Circle)[13] 認爲形上學根本是是違反理性的臆測與邪門歪道，被科學取而代之剛好。

卡納普跟「維也納學派」會起心動念反起形上學，是受到十四世紀神學家，奧坎的威廉 (William of Occam) 之啓發，因爲是奧坎發想出別名「奧坎的剃刀」(Occam's razor) 之「簡約原則」(principle of parsimony)。這個原則是在說「任何理論都不應該比其所需要多複雜一分」。或者按照奧坎非常有形上學風格的說法是：理論「不應該繁衍不必要的條例」。

假設牛頓看到蘋果落下來的時候驚呼說：「有了，我想到了！蘋果是陷在了往上拉的精靈跟向下扯的山妖之間，而山妖的力氣比較大！」

奧坎會反駁說：「好，牛頓，雖然說你的理論並不能解釋所有觀察到的狀況，但有符合我的要求：簡單明瞭！」

卡納普會同意牛頓的理論。

有天晚上全家吃飽了以後，一個五歲的男孩問爸爸說：「馬麻去哪兒了？」

他爸爸告訴他說：「馬麻去參加特百惠（Tupperware）派對。」[14]

這個解釋只打發了小男孩幾秒鐘，不死心的他開始追問：「把拔，什麼是特百惠派對啊？」這位把拔想說誠實為上策，於是便用很淺顯的用語解釋了起來。「這個嘛，兒子啊，」他說，「特百惠派對就是一堆跟馬麻一樣的阿姨坐成一圈，然後其中一位阿姨會跟她們推銷塑膠收納盒。」

小男孩噗哧笑了出來。「唉呦，把拔你不用不好意思啦，到底是什麼你就明講啊！」

眞相只有一個，特百惠派對就眞的是一堆主婦在某個客廳圍成一圈，然後聽特百惠媽媽向她們直銷塑膠收納盒。但特百惠公司的行銷人員顯然都是訓練有素的形上學學者，因爲他們對我們洗腦的說法都是這派對多麼深不可測。

迪米崔：我不過問你一個簡單的問題，結果你給我十個不同的答案，這簡直就是在幫倒忙嘛。

塔　索：你要人幫忙喔，那你不該來找我，你應該去找社工啊。我聽說斯巴達有一大堆社工。

迪米崔：謝謝你我好得很，我只是想知道要相信哪一個答案。

塔　索：啊哈！你總算稍微有點長進了。

---

13 一九二〇年代發展出的一個哲學學派。反對形上學，認為經驗是知識唯一可靠來源，且只有通過邏輯分析，才可解決傳統哲學問題。

14 由美國塑膠容器業者特百惠想出來的行銷策略，由某位特百惠媽媽號召街坊的媽媽來家裡聚會並血拼公司產品，帶頭媽媽可以領到佣金。這是一種直銷的概念。

第二章

邏輯

缺了邏輯，理性便一無是處。
有了邏輯，你就會變成吵架王跟徹底的邊緣人。

METAPHYSICS
LOGIC
EPISTEMOLOGY
ETHICS
PHILOSOPHY OF RELIGION
EXISTENTIALISM
PHILOSOPHY OF LANGUAGE
SOCIAL AND POLITICAL PHILOSOPHY
RELATIVITY
META-PHILOSOPHY

迪米崔：彼此競爭的哲學流派有那麼多，當中的真偽我該如何判斷？
塔　索：誰跟你說哲學裡有真的東西？
迪米崔：你看看你，又來了。你幹嘛老是用問題來回答我的問題？
塔　索：你有意見嗎？
迪米崔：有些問題我也不知道自己為什要問，畢竟有些事情一看就是真的。比方說二加二等於四就是一翻兩瞪眼，沒什麼好懷疑的。
塔　索：是喔，你就這麼有把握？
迪米崔：當然，怎麼說我也是個聰明的雅典人。
塔　索：那可不一定，但你會覺得二加二當然等於四，是因為其邏輯無懈可擊。

非矛盾律

大哥是對的，嗯，不對，塔索是對的。

但話不多說，我們先用一個經典的笑話來開場，順便介紹一下亞里斯多德所創的「傳統邏輯」。

有位猶太教的拉比(rabbi)[1]在家鄉的村落升堂審案。其中一名當事人施繆爾起身指控說：「拉比，伊茲雅克天天都趕羊穿過我的土地，我的莊稼都被踩爛了。那地明明是我的，這太不公平了。」

拉比說：「你說的對！」

這時輪到伊茲雅克站起來反駁：「但是拉比，不從他的土地上經過，我的羊就喝不到池塘裡的水。沒水喝，羊不就都得死掉。幾百年來，牧羊人都有池塘邊的過路權，我當然也不應該例外。」

拉比又說：「你說的對！」

一切都聽在耳裡的打掃阿姨對拉比說：「但是拉比啊，他們不可能兩個人都對吧！」

拉比回答她說：「妳說的對！」

打掃阿姨所點出的，是拉比違反了亞里斯多德的非矛盾律。對一名拉比來說，這雖然比不上垂涎鄰人的婢女那麼十惡不赦，但也很接近了。非矛盾律說的是一件事情不可以同時間既是怎樣，又不是怎樣。

1 有時也寫作辣比，是猶太人的特別階級，主要是指有學問的學者，是老師，也是智者。

不合邏輯的推理

不合邏輯的推理是哲學家的噩夢，但大家摸著良心說，不合邏輯的推理有時真的好用，要不然大家也不會用得那麼兇，是吧。

一個愛爾蘭人走進都柏林一家酒吧，點了三杯各一品脫的健力士啤酒，然後通通喝光光，但他喝的時候是第一杯喝一小口，第二杯喝一小口，第三杯喝一小口，以此類推，直到最後酒杯見底。然後他又加點了三杯，而看不下去的酒保說話了：「我說這位客人啊，我是建議你一次點一杯就好，這樣氣比較不會跑掉。」

聽酒保這麼說，這位客人的回覆是：「喔，我知道啊，但是我有兩個親兄弟，一個在美國，一個在澳洲。當年要各奔東西的時候，我們說好了大家都要這樣喝酒，這樣就好像我們兄弟仨還能聚首乾杯似的。我點三杯有兩杯是給我兄弟的，最後一杯才是我的。」

酒保聽完非常感動地說：「虧你們想得出這麼好的傳統！」

這位愛爾來人慢慢成了店裡的老主顧，而且他每次也都點一樣的東西。

直到有一天，他進門之後只點了兩杯酒，其他的老客人都注意到了，店裡氣氛瞬間凝結成一片鴉雀無聲。等到他來到吧檯點第二輪的時候，酒保開口了：「嘿，老兄，節哀順變，別太難過了喔。」

愛爾蘭人回答他說：「喔，你三八耶，沒有人死掉啦，是我信了摩門教，所以要戒酒啦！」

換句話說，有一種邏輯叫自肥，人戒酒前一定要學起來。

歸納邏輯

歸納邏輯的推理是從特定的個案出發，目的地則是可以通用的理論。這是一種用來確認科學理論的方法。觀察到蘋果從樹上落下，你會得到一個結論是蘋果不會往上，也不會往旁邊，這寶貝就只會往下掉。接著你可能會形成一個較為廣泛的假說來包含其他自由落體，比方說西洋梨。科學的一小步，就這樣踏了出去。

在文學作品的長河當中，有一個人的「演繹能力」說是第二，沒人敢說第一，這個人就是大無畏的夏洛克．福爾摩斯，但其實福爾摩斯主要並非依靠演繹邏輯在破案。他真正的法寶是歸納邏輯。首先他會仔細觀察現場與案情，然後他會憑藉**經驗**並善用**類**

比與機率來進行歸納，不信的話我們來看看下面的故事：

有次福爾摩斯跟華生一同去露營。半夜福爾摩斯突然醒了過來，並用肘子輕輕推醒了華生。

「華生，」他說，「你看一下天空，然後告訴我你看到什麼。」

「喔，福爾摩斯，我看到無數顆星星，」華生相當配合。

「那華生，你從這點觀察能得到什麼結論？」

華生想了一下。「嗯，」他說，「如果你想問的是天文學，那這告訴我宇宙間存在數以百萬計的星系，而這當中又可能存在數以十億計的行星；如果你想問的是占星，那我觀察到土星位於獅子座；如果你想用觀星來判斷時間，那我可以告訴你現在大抵是凌晨三點一刻；如果你問的是氣象，那我估計明天會晴空萬里；如果你問的是神學，那我看到了上帝的全能，而我們是渺小又微不足道的凡人。話說福爾摩斯，你又看到了什麼呢？」

「華生，你這個白癡！我們的帳篷不見了！我們遭小偷了啦！」

我們不能百分百確定福爾摩斯的心路歷程，但他會導出自己遭竊的結論，其流程應該八九不離十如下：

①我入睡時人在帳篷裡，但現在我卻能直接看到星星。

②與過去的類似經驗進行比對，我直覺認爲「有人偷了我們的帳篷」是合理的假說。

③在測試此一假說之時，首先應排除其他假說的可能性：

A. 或許帳篷還在，只是有人在篷頂投影了星空的圖片。這不太可能，經驗告訴我人不太會有這種行徑，而且四目所及也不見投影設備的蹤影。

B. 或許帳篷沒有被偷，而是被吹走了。這也不太可能，因爲經驗顯示能把帳篷吹走的風，其強度必然會讓我睡不下去，畢竟我不像華生那麼豬。

C. 各種族繁不及備載的瞎答案。

④不，我想我原本的假說多半靠譜，我們的帳棚是被人偷了無誤。

這叫歸納好嗎。這麼多年，我們都誤會福爾摩斯了啦！

歸納邏輯跳太多？

「我的意思是，哪門子的小偷會只拿一個狗盆子啊？」

可證偽性

病患：昨夜我夢到自己左擁珍妮佛．羅培茲，右抱安潔莉娜．裘莉，而且我們還欲罷不能地「三人行」了一個晚上。

心理醫生：很顯然，你內心深處極為戀母。

病患：蛤？為什麼？這兩個美女跟我媽都一點也不像啊？

心理醫生：啊哈！反向作用（Reaction formation）[2]出現了吧，你果然在壓抑自己真正的慾望！

是不是不好笑，沒錯，因爲這**不全然**是個笑話，因爲佛洛伊德學派的某些人就眞的是這種邏輯。他們的這種理路的問題在於，我們想不出有一套可信的眞實情境足以否定其戀母情結理論。在對於歸納邏輯的批判當中，二十世紀哲學家卡爾．波普爾（Karl Popper）主張爲了讓理論能經得起考驗，我們首先需要讓這理論可以檢驗，亦即我們需要某些實際有可能發生的情境足以「證明其爲僞」。在上頭的僞笑話裡，我們就不可能想到有眞實的狀況可以讓佛洛伊德流的心理醫師承認是反證。

爲了更凸顯波普爾的論點，我們來看下頭的眞笑話：

兩個男人在做早餐。其中一個邊給吐司抹奶油，邊開口對同伴說道：「你有沒有注意過凡抹好了的吐司掉下去，一定都是奶油面著地？」

第二個男人說：「沒有耶，我覺得應該是因為奶油面著地比較難清，所以給人印象會比較深。我在想真實的狀況應該是一半一半吧。」

第一個男人這時又說了：「喔，是喔？那你看著喔。」語畢他便鬆手讓吐司成為自由落體，結果著地的是沒有奶油的那一面。」

第二個男人表示：「看吧，我不是說了嗎？」

第一個男人這時說：「喔，我看得很清楚，我奶油塗錯邊了！」

對這第一個男人來說，再多的反證都顛覆不了他的寶貝理論。

演繹邏輯

演繹邏輯的推理方向是從廣泛的原則朝個案發展。要看最最陽春的演繹邏輯，我們可以舉「直言三段論」爲例，這三段論說的是：「凡人皆有一死；蘇格拉底是人；所以蘇格拉底會死。」神奇的是這麼直白的東西，還是有人有本事把它弄擰成：「凡人皆有一死；蘇格拉底會死；所以蘇格拉底是人。」拜託，沒有這種邏輯好嗎？因爲這就像是在說：「凡人皆有一死；我小孩養的哈姆太郎（倉鼠）會死；所以哈姆太郎是人。」

還有另外一種辦法可以把演繹論述搞垮，那就是從錯誤的前提出發。

一個老牛仔走進酒吧，點了杯酒。正當他在自個兒位子上啜飲著威士忌，一個妙齡女子挨到他身邊，一屁股坐了下來。坐定後她轉頭面向牛仔，問了一聲：「你是正港的牛仔嗎？」

老人家回答說：「嗯，我這輩子都在農場上打滾，養馬、顧圍籬、給牛隻烙印樣樣都來，所以我想是吧，我應該算是個正牌牛仔。」

這時女生說話了：「我是個蕾絲邊，我這輩子天天都在肖想女人。早上醒來第一件事，我想到的是女人，我沖澡或看電視時也在想女人，大小事都能讓我想到女人。」

過了會兒，又有人在老牛仔的身旁坐了下來，這次是一對男女和他搭訕：「你真的是個牛仔嗎？」

2 人類心理的防衛機制，亦即你心裡愈是怎麼想，外在的言行就會愈發背道而馳。

老人這時答道：「我一直以為我是，但我剛剛才發現自己原來是蕾絲邊。」

來分析一下這位老牛仔到底是哪裡「壞掉了」，搞不好會挺有趣的。雖然不能保證有多少笑點，但總之咱們就上吧。

關於自己是不是個正港的牛仔，他第一次回答是的邏輯論述是：

① 若某人所有的時間都在做牛仔做的事情，那他就貨眞價實是個牛仔。
② 我所有的時間都在做牛仔做的事情。
③ 所以，我是個正港的牛仔。

女子的邏輯是：

① 若女人整天都在想其他女人，那她就是蕾絲邊，也就是女同性戀。
② 我是女人。
③ 我整天都在想女人。

④所以，我是蕾絲邊。

後來牛仔會在第二次回答時被女人的邏輯牽著走，最終得到自己也是蕾絲邊的錯誤結論，是因爲他搞錯了自己的前提，也就是女子邏輯的第二點：我是女人。

嗯，就跟你說我們不保證好笑了嘛。

源自類比的歸納論證

要說「透過類比去主張一件事情」跟什麼很像？還眞沒有，好吧或許有點像隻鴨子。類比論證的一項用處是用來回答誰或什麼東西創造了宇宙。有人曾主張因爲宇宙的運轉就像個時鐘，所以某處一定藏著一位「鐘錶師傅」。一如十八世紀英國經驗主義哲學家大衛・休謨（David Hume）所言，這是很不踏實的、很滑溜的論證，因爲宇宙作爲一個整體，其實不存在一個可以與其完美類比的東西，除非我們能找到另外一個平行宇宙，否則我們眞的不應該像在搬家一樣把萬事萬物都丟進同一個箱子裡，然後上面用奇異筆寫上大大的「宇宙」兩個字，叫快遞一口氣送過去。話說爲什麼是時鐘？休謨問道。爲什麼不把宇宙比作袋鼠，畢竟兩者都算是內部有所聯繫的有機體。惟若將宇宙類比爲袋鼠，我們就會針對宇宙起源得出一個很不一樣的結論：宇宙會變成是另外一個宇宙生出來的東西，而且那個生它的宇宙還得先跟另外一個宇宙發生關係。類比論證有一個根本的問題在於其假設是若 A 的某些方面與 B 類似，那 A 的其他部分也會與 B 類似，但其實沒人規定一定得如此。

LEARN MORE

晚近「鐘錶論證」有改頭換面成「智能設計理論」而捲土重來的態勢。智能設計論主張大自然的巧奪天工（想想圖形有如萬花筒的雪花、動物的眼球與構成物質的各種夸克），都證明了這背後一定有一位智慧極高的設計者。話說在賓夕維尼亞州，多佛市曾因其教育委員會將智能設計論納入課綱中作為演化論的「替代理論」而陷入司法攻防戰，結果主審法官約翰·瓊斯三世（John Jones III）的判決拐彎抹角地叫委員們回去重修邏輯。在他行文充滿機鋒的書面意見中，瓊斯法官忍不住取笑了被告陣營某些所謂的專家意見，像某教授就一方面承認智能設計論的類比論證有其缺陷，另一方面卻又硬拗說這一套「拍成科幻電影還不難看」。**你嘛咖拜託！換個能打的上來好嗎？**

類比論證的另外一個缺陷是不同的觀點，會讓你得到完全不同的類比。

三名工程科系的學生討論著什麼樣的神能造出人類的身體。第一個同學說：「神一定是個機械工程師，不然人體怎麼會有那麼多精巧的關節？」

第二個學生說：「我覺得上帝一定是個電子工程師，人的神經系統有著數以千計的正負電連結。」

第三個學生說：「其實我覺得上帝應該是土木工程師，不然祂怎麼會讓廢棄物管線通過休閒遊憩區（生殖系統）？」

話說到底，類比論證並不算太好用。因爲討論起上帝存不存在這類基本的信念，類比論證無法讓我們得到內心渴求的篤定。要說有什麼東西比哲學家的爛類比更爛，那大概就是高中生的爛類比了吧，不信我們來看看《華盛頓郵報》(*The Washinton Post*)主辦「史上最爛高中作文比喻」大賽的得獎作品：

長年因爲殘酷的命運捉弄分隔兩地，有緣無份的戀人在草原上朝彼此飛奔而去，就像兩列貨運火車，其中一列於下午六點三十六分從克里夫蘭發車，時速五十五英里，另外一列晚上七點四十七分從堪薩斯州的托彼卡（Topeka）發車，時速爲三十五英里。

- 約翰跟瑪麗素昧平生，他們倆就像兩隻素未謀面的蜂鳥。
- 小船輕輕劃過池塘，完全就是保齡球不會給人的感覺。
- 閣樓中傳出一聲「此音只應天上有」的嘶吼。整個場面鬼魅而不眞實，那感覺就像你在另外一個城市度假，結果《綜藝大熱門》提早半小時在八點半播出一樣。

後此謬誤

首先，我們想先來談一下「後此謬誤」的拉丁文原文「*post hoc ergo propter hoc*」：在某些圈子裡，如果你能一本正經地唸出這五個字，很多異性可能會對你投以崇拜的眼神，甚至願意讓你予取予求。但英文版的「After this, therefore because of this」或中文版的「跟在什麼之後發生，就是因爲什麼發生」就不太推薦用來撩妹，你有很高的機會會得到反效果。至於原因，應該不用我解釋了吧。

總之，後此謬誤的意思就是只因爲一件事**跟著**另外一件事發生，我們就認定這兩件事之間存在**因果關係**。後此謬誤這種邏輯錯誤很合理地常見於社會政治的論述當中。比方說有人會說「很多人會染上海洛英，都是先從大麻開始的。」很多人確實是先吸大麻，後來又沾上了海洛英，但海洛英上癮的人，小時候都喝過牛奶也，這筆帳又該怎麼算？

在某些文化裡，後此謬誤增添了生活中不少情趣。中國的王安石有詩云：「飛來山上千尋塔，聞說雞鳴見日昇。」換句話說，中國人認爲太陽公公是被公雞給叫起床的。爲此請容我們代表華人對公雞說聲：多謝了。又或者舉我們倆的一位女同事爲例：

每天早上，她都會走到門階上（用「大錯特錯不要來，汙辱我的美」的節奏）大喊：「老虎，不要來，打擾我的家！」說完她便會轉身進門。

最後我們對她說：「你幹嘛老是要這樣吼啊？這方圓一千英里以內都沒有老虎啊。」

沒想到她竟然說：「看吧，老虎被我嚇到不敢來了吧。」

後此謬誤的笑話有很多可以講，因爲人類的幻覺眞的十分頑強。

有個猶太老先生娶了一個年輕女人，他們彼此非常相愛。但不論做先生的在房事上怎麼變花樣，年輕老婆就是沒辦法高潮。由於猶太人的妻子有權得到性的歡愉，因此他們決定去請教拉比。拉比聽了他們的遭遇，摸摸了鬍子，給出了這樣的建議：「花錢聘一個精壯的年輕男人，然後等你們夫妻倆做愛的時候，讓年輕人在你身上揮舞毛巾，這樣你太太就可以產生性幻想，然後高潮就會來。」

兩人回了家，聽從了拉比的建議。他們聘請了一位年輕帥哥，並讓他在兩人行房時於床邊揮舞毛巾。結果拉比的建議沒用，妻子一點也沒有得到滿足。

百思不得其解的兩人又重新回去找拉比。「好吧，」拉比對做丈夫的說，「這樣走不通，那我們就反過來試試看好了，這次我們讓年輕男人跟你太太做愛，換成你在他們上頭揮舞毛巾。」再次回到家，他們聽從了拉比的指示。

也就是由請來的年輕人上陣，老公在一旁用毛巾替他跟老婆搖旗吶喊。雖然是打工仔，但是這位年輕人十分賣力地衝撞，而太太也在他的服務下達到了曠古絕今、驚天動地，天花板都因嘶吼而搖晃起來的十級高潮。

這時候老公露出笑容看著那位年輕人，一副非常得意的模樣說：「看到沒有，毛巾就是要這樣搖才對，懂了嗎？」

好啦，最後一則後此謬誤笑話了，我保證。

養老院裡一名八旬老翁來到一個穿著粉紅色七分褲的老太太面前說：「今天是我生日！」

「是喔，太好了，」她回答說，「我覺得我猜得到你今年幾歲。」

「真的嗎，妳要怎麼猜？」

老太太說：「簡單，把褲子脫了。」老翁乖乖照辦。

「好的，」她說，「現在把內褲也脫了。」

老翁再度使命必達。她對他上下其手了一番之後說：「你今年八十有四！」

他說，「哇，妳怎麼會知道？」這時老太太才不疾不徐地說：「你昨天跟我說的啊。」

這位老翁中了後此謬誤這個本書裡歷史最悠久的老招，亦即在她摸了我之後所發生的事情，就是因爲她摸了我所以才發生的事情……「之後所發生」跟「所以才發生」眞的是讓我們每一次都傻傻分不清楚。

整體而言，我們會被後此謬誤予取予求，是因爲我們忘記了還有另外一個因素在作用。

紐約一個男孩跟著同輩表親穿過了路易斯安那州的沼澤。「真的帶著手電筒，鱷魚就不會咬你嗎？」城市來的男孩問道。

他的表親說：「那就要看你帶著手電筒的時候跑得多快了。」

城市男孩以為手電筒是（不被咬的）原因，但其實那只是個（帶心安的）道具。

蒙地卡羅謬誤

蒙地卡羅謬誤（Monte Carlo Fallacy）[3]在賭徒之間無人不知無人不曉。有些人聽到這是種謬誤可能會大吃一驚，他們可能原本以為這是一種「蒙地卡羅策略」。但事實上，莊家就是靠著你在這一點上腦筋轉不過來賺錢。

我們知道俄羅斯輪盤的數字是紅黑各半，亦即滾球停留在紅色格子裡的機率是五十%。如果我們轉非常多次，比方說上千次好了，同時假設輪盤本身沒有瑕疵，賭場也沒有對輪盤動手腳的話，那平均而言，滾球應該會有約五百次停在紅色格子裡。那萬一我們連轉六次黑色的話，一般人都會忍不住想說第七把賭紅色的勝算比較大，畢竟紅色也該出來了，對吧？嗯，不對。第七次轉出紅色的機率仍舊是五十%，不能更高了。事實上，每一次轉出紅色的機率都永遠是五十%，不論黑色先連出多少次都一樣。

若你還是堅持要挺蒙地卡羅謬誤，下頭是一個相當中肯的建議：

搭飛機的時候，為了安全起見，請帶顆炸彈登機……因為同一班飛機有兩名炸彈客的機率實在低到不能再低。

循環論證

循環論證 (circular argument) 作爲一種論證，代表一個哲學命題的證據中也包含了命題自己。循環論證經常是渾然天成的笑話，不需任何加工。

保護區裡秋意正濃，美國原住民們問起他們新上任的酋長冬天的事情。他們想知道

3 又稱為賭徒謬誤，一種機率謬誤，主張由於某事發生了很多次，因此接下來不太可能發生；或者某事很久沒發生，因此接下來很可能會發生。

今年是否「凜冬將至」。菜鳥酋長受的是外頭的現代教育，對部落祕傳的「天候技」一無所知，所以這一年會是凜冬或暖冬，他根本無從判斷起。為了盡量不出包，他要部落的族人多撿拾柴火，盡可能為為凜冬未雨綢繆。這麼說完的幾天之後，菜鳥酋長想到一個辦法好像可行，於是便撥了通電話給美國國家氣象局詢問。結果電話那一頭的氣象專家說，確實，他覺得今年冬天應該會很冷。於是酋長掛了電話，便跑去要子民們加緊囤木頭。

事隔幾個星期，酋長第二度致電國家氣象局確認：「你們還是看好今年會是冷冬嗎？」

「是的，」氣象專家回答。「目前的跡象顯示今年冬天會非常冷。」酋長掛了電話，又去跟部落的人說要積攢愈多木材愈好，最好是大小通殺。

又過了兩週，酋長第三次打電話到國家氣象局問同樣一件事情。這次氣象專家說：「我們現在評估今年會是可以留名青史的寒冬！」

「是喔？」酋長說。「你這麼有把握？」

氣象專家說：「嗯，我有把握，因為我看原住民撿柴火撿得跟瘋子一樣！」

繞了一圈，讓酋長覺得應該叫大家去囤木頭的證據，原來正是**他叫大家去囤木頭**，這不是循環論證，什麼才是循環論證？所幸他本人很應景地用上了也是會一直繞圈圈的圓鋸，所以還不算太費力。

訴諸權威的謬誤

在論證時訴諸權威，是慣老闆們最愛做的事情。引用權威來支持自己的論點，本身不算是邏輯上的謬誤；專家意見是足以跟其他類證據平起平坐的名門正派。眞正屬於謬誤的，是利用人對於權威的敬意來做爲自身立場的唯一支柱，進而對排山倒海而來的反證視而不見。

泰德一看到朋友艾爾就驚呼了一聲：「艾爾！我怎麼聽說你死了！」「顯然沒有，」艾爾笑著說：「你這會兒也看到了，我活得好端端的。」「這怎麼可能，」泰德還是很堅持：「我的消息來源比你可信多了。」

說到權威論證，我們首先要問的就是誰被拱成「不可挑戰的權威」。

一個男人走進寵物店，說想看鸚鵡。店家於是在地板上秀了兩隻美麗的鸚鵡給他欣賞。「這一隻要五千塊錢，那隻一萬，」老闆說。

「哇！」男人顯然嚇了一跳。「那隻五千塊的能幹嘛？」

「這隻鸚鵡會唱莫札特寫過的每一首詠嘆調，」老闆答道。

「那，另外一隻呢？」

「牠會唱全本的華格納《指環》(*Ring*)歌劇。我後頭還有一隻賣三萬。」

「乖乖隆地冬！三萬的鸚鵡能幹嘛？」

「我還沒聽到過牠開口唱過什麼，但這兩隻都見牠就喊大師就是了。」

根據我們兩個向權威人士請教的結果，權威也是有大小咖之分的。而會需要比大小，就是因為另一方可能會質疑起你權威的資歷。

從前有四名拉比老愛湊在一起討論神學，其中三隻抱團成一隊，齊心對付落單的第四個拉比。有一天這第四個拉比又再以一比三的比數輸給了另外三個人之後，決定訴諸權威。

「喔，上帝啊，」他呼求著：「我內心深處知道自己是對的，他們是錯的！請給我一點神蹟，讓我證明是非給他們看！」

於是陽光燦爛的這一日，拉比才剛一禱告完，就只見雷電交加的烏雲開始劃過天際，還剛好從四名拉比的頭頂上經過。只不過這朵雲才轟隆作響一聲，就煙消雲散了。

「這是上帝在說話！看吧，我是對的，我就知道自己才是對的！」但另外三個人對此顯得不以為然，他們立刻表示夏天氣流旺盛，烏雲跑來打個雷沒什麼好大驚小怪的。

於是一打三的那個拉比又再祈禱了一次。「喔，神啊，我需要祢更清楚的指示，誰是誰非才會清楚，拜託，請更明確地示下！」結果這次一口氣飄來了四朵烏雲，而且四朵雲還撞在一起變成一大朵雲，再來是一道閃電狠狠甩在鄰近山丘上的一棵樹上。

「就跟你們說了吧，我才是對的！」第四名拉比說得悲憤，但他的另外三個拉比朋友還是堅持這些都有可能只是巧合跟自然現象。

第四位拉比想說沒辦法了，這次一定要請上帝放大絕。但就在他才說到「喔，神啊……」的時候，天色就已經黑得像包青天的臉，腳下的大地也震動起來，接著就是一道聲響用重低音說出：「他他他……是是是……對對對……的的的……！」

這第四位拉比滿意地把雙手插在屁股上，轉身對另外三個人說：「怎樣，心服口服了吧！」

「那又怎樣，」抱團的其中一名拉比說，「這樣只是三比二，還是我們贏。」

芝諾的悖論

所謂悖論，就是看起來無懈可擊的推論建構在看似屬實的假設上，結果卻導出某個矛盾或明顯錯誤的結論。等等，稍微換個角度想，這不就是在給「笑話」下定義嗎？至少本書中大部分的笑話算是符合這種「規格」。符合事實的事情，循著邏輯之路來到謬誤的結局，會讓人覺得一陣荒謬，而荒謬往往能令人莞爾一笑。讓兩個相互衝突的概念在我們的大腦中共處一室，會讓我們噗哧。但似是而非的悖論有一個更實用的功能，那就是讓我們在派對上把人逗樂。

說到將兩個互斥的概念在腦海中並陳，埃利亞的芝諾 (Zeno of Elea)[4] 堪稱箇中好手，由此他就像是哲學家裡的開心果。比方說，你聽過出自他之手，關於阿基里斯跟烏龜賽跑的故事嗎？正常情況下，阿基里斯一定比烏龜跑得快，所以烏龜的起跑線在阿基里斯前面。信號槍聲一響，好吧，西元前五世紀的說法是標槍一丟出去，阿基里斯就出發去追趕烏龜，而他的首要目標就是來到烏龜的起跑點。當然，等到阿基里斯來到烏龜的起跑點時，烏龜一定已經走一些些了。所以站在烏龜起點的阿基里斯的第二站就會是烏龜走了一些後的位置。只不過等到阿基里斯來到烏龜走了一些後的位置時，烏龜一定又已經來到了牠的第二個位置。換句話說，無論阿基里斯來到烏龜的位置多少次，就算是無限多次，他也沒辦法眞正趕上烏龜。他可追到很近、非常近，近到不能再近，但最終他就是無法追上。烏龜只要不停，理論上就會贏。

OK，埃利亞的芝諾不是《今夜秀》(*The Tonight Show*) 的萊諾 (Jay Leno)，[5] 但以一個西元前五世紀的哲學家來說，他也算很有哏了。就像美國早年在台上演著彷彿單口相聲的笑匠一樣，芝諾可以借後人的台詞一用說：「我有上百萬個包袱可以抖」。不過其實介紹到悖論，芝諾就四招而已啦。除了上述的阿基里斯跟烏龜算一招以外，另外一例是「**賽道悖論**」：**為了抵達賽道的終點，跑者必須完成無數次的小旅程**。話說跑者首先必須跑到賽程的中點，接著他得跑到剩下二分之一路程的中點、剩下四分之一路程的中點、剩下八分之一路程的中點、剩下十六分之一路程的中點，以此類推。理論上他會永無止境地抵達**中點**，而永遠到達不了**終點**。

但這當然與事實不符，這一點就算是芝諾也沒辦法否認。

下頭是像直接從芝諾筆記裡抄來的老哏：

4 古希臘哲學家，以提出四個不可能的悖論而知名。

5 單人喜劇演員出身的美國深夜脫口秀《今夜秀》前主持人，二〇一四年交棒給吉米．法倫 (Jimmy Fallon)。

推銷專員：太太，這款吸塵器很好用喔，一台就可以讓妳家務量少掉一半。
月薪嬌妻：是喔，那給我來兩台。

這則笑話並非池中物。剛剛的賽道悖論是跟常識對著幹，所以就算沒辦法像柯南一樣破案，我們還是可以確信這故事一定有什麼地方「黑白來」。但是在吸塵器的笑話裡，芝諾流的推理就不矛盾了。如果月薪嬌妻的目標是要讓家務瞬間完成，那就算有再多的吸塵器，也不管有再多的平匡桑願意跟她一起操作這些機器，家務都不可能在瞬間搞定。兩台吸塵器只能讓吸地毯的時間打完五折再打五折而少掉四分之三，三台則只會讓這時間少掉六分之五，以此類推到無窮無盡。

邏輯與語意學上的悖論

所有的邏輯與語意悖論，都是「羅素悖論」的徒子徒孫。而羅素悖論裡的羅素，指的就是羅素悖論之父，二十世紀的英國哲學家羅素 (Bertrand Russell)。**羅素悖論在講的是：「A 集合如果包含了所有不屬於 A 集合的 B 集合，那 A 集合本身還能算是 A 集合的一員嗎？」**這是一個會令人驚呼連連的燒腦神案，尤其如果你恰好在數學界深造的話。不過等等，剛剛傳來的好消息，我們有另外兩個也是二十世紀的邏輯學者分別爲葛雷林 (Kurt Grelling) 與尼爾森 (Leonard Nelson)，他們捎來了簡易版的羅素悖論。他們的版本是一種語意悖論，而且要說明這種悖論，我們得從「單字能不能用來指涉自己」的概念解釋起。

聽好了：我們現在有兩類單字，一類是可以用來指涉自己的單字，我們稱之爲「同己」(autological) 的字彙，另外一類爲無法用來指涉自己的單字，我們稱之爲「異己」(heterological) 的字彙。同己的字彙我們可以來舉幾個例子：像是英文裡的 short（短）這個單字，它本身也屬於較短的單字，所以 short 可以用來指涉自己，亦即 Short is a short word（英文的「短」是一個短短的單字）的說法可以成立。另外像 polysyllabic（多音節的）這個單字本身也是多音節，所以 Polysyllabic is a polysyllabic word（英文的「多音節」是一個多音節的單字）的說法也可以成立。當然這兩個都還不是我們的寶貝，我們的心頭肉是 seventeen-lettered 這個單字，因爲它恰好就是十七個單字，所以 Seventeen-lettered is a seventeen-lettered word（英文的「十七個字母的」是一個十七個字母的單字）的說法一樣能成立。再來說異己的單字，比方說 knock-kneed（形容膝蓋會互敲；亦即內八、X形腿）這個字沒有腿，當然也沒有膝蓋可以敲來敲去；monosyllabic（單音節）本身不只單音節。現在的問題是：異己這個單字是同己還是異己？異己可以用來形容異己自己嗎？如果可以，那異己就應該異己，但如果異己的屬性是異己，那異己就應該是同己才對啊。哈哈哈！

還是笑不出來嗎？這兒有另外一個案例把哲學概念轉化為笑料，看了你應該會清楚一點：

鎮上唯一的理髮師是位男性來著，他負責幫全鎮男人剃鬍子，但他只替鎮上不自個兒剃鬍的男人服務。那麼這位理髮師能剃自己的鬍子嗎？他得負責幫全鎮男人剃鬍子，所以他得剃，但這一剃下去，他就變成會自個兒剃鬍子的男人了，所以他又剃不得。

這才是派對動物們想聽的羅素悖論版本。

身為男性，我們對女廁不熟，所以我們也不清楚裡頭在變什麼把戲，但我們蠻確定男性讀者都待過男廁廁間，也必然不陌生於牆上潦草的字跡寫著各式各樣犀利版的羅素或葛雷林－尼爾森悖論，沒看過這一幕，別跟我說你當過大學生。還記得嗎？記得你當時人坐在哪裡嗎？

是非題：「這個句子錯了。」

抑或，

獨孤求敗終於失敗了，請問這算成功還是失敗？

就當開個玩笑吧，下次上男廁的時候，別忘了在小便斗的上方寫下「異己這個字算同己還是異己？」這超經典的。

迪米崔：可愛裝完了嗎？但這些對我們回答那些大哉問有幫助嗎？

塔　索：嗯，假設你去到德爾菲神廟 (Delphi) 問先知說：「先知啊，這一切有什麼意義？」而他回答說：「生命是一場野餐，野餐都很好玩，所以生命很好玩。」看到了嗎？邏輯讓你們有了共同的話題。

第三章

認識論：討論知識的理論

你怎麼知道自己知道
你覺得你知道的事情？
除非你放大絕說：「我就是知道！」，
否則其他的說明通通算是認識論。

METAPHYSICS
LOGIC
EPISTEMOLOGY
ETHICS
PHILOSOPHY OF RELIGION
EXISTENTIALISM
PHILOSOPHY OF LANGUAGE
SOCIAL AND POLITICAL PHILOSOPHY
RELATIVITY
META-PHILOSOPHY

迪米崔：我現在感覺很棒，塔索。我已經把邏輯都弄通了，剩下的應該就都會像在衛城野餐一樣輕鬆寫意了。

塔　索：你說什麼衛城？

迪米崔：就雅典的衛城啊！就在那邊你沒看見喔？你烏佐酒是不是該少喝一點了啊，老兄！

塔　索：可是那真的是衛城嗎？會不會那只是你以為是衛城的東西？你怎麼知道那衛城是真衛城還是假衛城？真要說你怎麼確定任何東西的真偽？

迪米崔：下一輪酒我請。

理性 vs. 啟示

所以事情不分大小，我們是怎麼「知道」的？還是其實我們根本什麼都不「知道」？

在中世紀，上頭的問題被濃縮成：**神啓**是否能取代**理性**作爲人類知識的來源，抑或剛好相反？

一名男士摔進深井裡，自由落體了將近三十公尺才抓到藤蔓，止住了跌勢。但抓著抓著他開始手愈來愈鬆，精疲力盡的他開始慌張地呼救：「來人啊，救命啊，上頭有沒有人？」

他邊喊邊抬起頭來，但能看到的只有井口外的一圈藍天。就在這時，雲朵突然破了個洞，一道耶穌光灑上他的臉龐。低沉的嗓音魂力十足地言道：「我，上帝在此。放開藤蔓，我會救你。」

男人想了想沒有放手，反而又重喊了一聲：「上頭有沒有別人？」

這代表人在沒本錢賭命的時候，通常都會比較傾向於理性。

在十七世紀，笛卡兒(René Descartes)選擇了理性作爲高於神啓的知識來源。英文裡形容本末倒置可以說「把車放到了馬兒前面」，而對某些人來說，「將笛卡兒放在了萬物之源的前面」也是一樣的意思。

笛卡兒搞不好蠻後悔用拉丁文說過 *cogito ergo sum*，即「我思故我在」，因爲這句話太有名了，所以他另外還說過了些什麼都沒人記得了。這是一個原因，另外一個原因是，這話是他人在麵包烤爐裡打坐時想到的（傳說他爲了專注而在烤爐裡隔絕感官感受）。如果你覺得這還不夠糟的話，這句話裡的「*cogito*」常被誤譯，很多人因此認爲這代表笛卡兒相信**思想是人生而為人的核心本質**。當然他確實也是相信這一點啦，但那是另外一回事情，跟我思不思或在不在，沒有一點關係。在得出我思故我在的結論之前，笛卡兒做了個實驗。他在實驗裡使出渾身解數去質疑所有事情，他想看看有沒有什麼東西可以讓他百分百確定，也就是說他想測試世上有沒有他無法用懷疑抹消的東西。他首先懷疑的是外在世界的存在。這對笛卡兒來說是一塊小蛋糕，他可以想說自己搞不好在「眠夢」或產生了幻覺。接著他又懷疑起自身的存在，但這一點不論他如何質疑，笛卡兒都會一直卡在一件事情，那就是有人在滿腦子「黑人問號」，而這個「黑人」只能是他自己！亦即笛卡兒沒辦法懷疑「自己在懷疑」。所以早知道他就應該說「我疑故我在」，這樣自己就不會被世人誤會那麼久了。

在美國任何一處刑事法庭上，任何一位法官都會要求陪審團效法笛卡兒的懷疑精神。法官大人會要陪審團成員去尋覓被告遭指控罪名中的眞實性，而眞實性在此所使用的標準之高，只比笛卡兒的那一套低一點點。陪審團所面對的問題，不盡然與笛卡兒想解開的疑問相同。法官想問的不是被告的罪名存不存在任何可疑之處，他或她只問被告的罪名存不存在任何**合理的**疑點。但即便標準微低一點點，陪審團員仍得執行跟笛卡兒性質相同且幾乎同等極端的心理實驗。

一名被告因為謀殺案受審。種種有力的證據都指向他有罪，但就是沒找著屍體。在結辯時，被告的律師使了個怪招。

「陪審團的各位女士，各位先生，」辯護律師說，「我要給各位一個驚喜，一分鐘之內，大家都覺得死了的那個人會走進這間法庭。」

律師將目光指向法庭的大門。而臉上表情訴說著不可置信的陪審員們，則紛紛跟著看了過去，大家都期待著到底什麼東西會從門後面走出來。但是整整一分鐘過去，什麼事情都沒有發生。最後律師終於說了：「其實死人會走進來是我瞎編的。但你們不也都心懷期待地看向了大門嗎？所以我這不就證明了在本案中，究竟有沒有人被殺這點仍存在合理的懷疑嗎？既然如此，我便不得不要求各位做出『無罪』的判定。」

此後陪審團退席進入審議程序。幾分鐘之後，陪審員重新入席，但他們做出的判決是被告「有罪」。

「這是怎麼回事？」辯護律師當場不滿地咆哮起來。「你們不可能排除心中所有的疑慮啊。我注意到你們全部都有朝門看過去啊。」

陪審團的主席回答說：「喔，我們都看了啊，但你的客戶可沒看。」

經驗主義

十八世紀的愛爾蘭經驗主義者 (empiricist) 喬治．柏克萊主教 (Bishop George Berkeley) 說過 *Esse est percipi*，意思是「存在即感覺」。說得更直白一點，這就代表所謂的客觀世界，其實都只存在於我們主觀的心靈。柏克萊主教認爲人類對這個世界僅有的知識，全都接收自我們的感官。哲學家稱呼這種資訊是「感覺與料」(sense data)。柏克萊主教主張除卻這些「感覺與料」，我們不可能推論出任何其他的東西，比方說我們不可能主張說物質的存在發射出訊號來刺激我們的感官。但這位好心的主教也確實補了一句說感覺與料必然來自於某個地方，所以神必然存在。基本上，柏克萊主教的意思就是**宇宙是一個網際網路，上帝是一個宅男，而宅男會周休零日敲鍵盤，發「感覺與料」給我們所有人**。所以誰說上帝禮拜天休息的啊，黑白講！

據說跟柏克萊主教同時代的山謬爾．強森博士 (Dr. Samuel Johnson) 在被告知「存在即感覺」的理論之後，就立馬找了個栓馬的柱子踢下去，邊踢還邊高呼：「這就是我對柏克萊主教的反駁！」

主教對此可能只會一笑置之，因爲對他來說，強森博士踢的那一腳跟腫起來的腳趾，其實正好證明了上帝伏案忙著在打鍵盤、發訊號，頂多是強森博士認知中的訊號比較複雜，可以分成兩層罷了：第一層是腳的動作被柱子擋下的感覺（外在物質），第二層是幾乎沒有時間差的痛覺（內在心靈）。

萬一我們感覺與料的來源是另外一名人類，那事情的複雜程度就更加一發不可收拾了：

有位先生擔心自家女王的聽覺好像愈來愈差，所以就跑去問了醫生。而醫生教了他一個簡單的辦法可以在家測試太太的狀況，那就是站在她身後問她問題，第一次隔六公尺，第二次隔三公尺，最後一次零距離。

先生回到家看到太太在廚房裡顧爐子，於是他便從門口喊她：「晚餐吃什麼啊？」太太沒回答他。

他稍微走近到三公尺處重問了一遍：「晚餐吃什麼啊？」太太還是一聲不吭。

最後在零距離的狀況下，他第三次開口說道：「晚餐吃什麼啊？」

結果他太太轉過身來說：「你要問幾次啊，老娘跟你說第三遍，晚上吃雞雞雞雞雞雞雞……。」

這對夫妻顯然在「感覺與料」的判讀上有很嚴重的障礙。

科學方法

今天再跟人講說人類對外在世界所有的知識都來自於我們的感覺，大家會覺得「不然咧」。但其實這一點並非始終都如此理所當然。歷史上七早八早的許多哲學家都曾經覺得人類心靈中存在著若干與生俱來、「先於經驗」的「先驗」(priori)。古聖先賢裡有人覺得神或上帝就是一種先驗的概念，另外也有人覺得因果關係也是。即便到了今天，我們都還是會聽到有人說「凡事冥冥中自有其安排」或「我相信有來生」，而這些都是死無對證，沒辦法用經驗去證明或推翻的說法。但凡關於外在世界的敘述眞僞，我們多數人仍認同感官經驗是最有力的證明，所以在這層意義上，我們所有人都是經驗主義者。當然除非我們當中有人是波蘭國王啦，畢竟這個世界上**有規則，就會有例外**。

波蘭國王帶著一隊公爵與伯爵出門去狩獵麋鹿。就在他們來到樹林邊緣時，一名農奴突然揮舞著雙臂，從樹後面衝了出來說：「我不是麋鹿！我不是麋鹿！」沒想到國王還是瞄準了他，一槍朝他的心臟射了過去，可憐的農奴當場斃命。「我的好國王啊，」一名公爵犯顏直諫，「您何須如此？他都說他不是麋鹿了。」「嚇死寶寶了，」國王答道。「我聽成他說他是隻麋鹿。」

好的，現在讓我們來比較一下這位國王跟一位大牌的科學家。

科學家跟他太太開車去鄉間兜風，結果太太說：「喔，你看你看，那些綿羊被剃過毛了耶！」

科學家也分享了太太的興奮：「哇，真的耶，我們看得到的這一面都剃過了耶！」

乍看之下，我們會覺得科學家的太座只是在表達一種常識，而科學家本人則是採取了較爲謹愼而科學的觀點。我們會以爲身爲科學家的職業病，就是眼見爲憑，有幾分證據說幾分話。但其實我們錯了。其實太太的發言才是科學家普遍認爲較具科學精神的假說。經驗主義者的「經驗」，並不限於第一手的感官經驗。科學家會用固有的經驗來計算機率，進而推論出較爲通用的敘述。太太的發言，實質上等於是在說：「我看到了至少這一面被剃了毛的羊，而按照過往的經驗，我知道農人一般不會只剃一邊。即便這位農夫眞的這麼無聊，坡上的羊兒自動都只以『禿面』示人的機率也趨近於零，所以我感覺可以自信滿滿地說出：『這些羊都被（完全）剃過毛了耶！』。」

我們會覺得笑話裡的科學家是某種書讀太多的鳥蛋學者。或者場景搬到日常的生活中，我們會覺得沒辦法舉一反三的人就是笨蛋，而笨蛋在印度有另外一個名字，叫做「薩達爾」(Sardar)，也就是錫克教徒[1]間對男性的尊稱之意。

印度新德里有名警官在對三名薩達爾問話，三名薩達爾都是警官學校的學員。原來為了測試學員認出嫌犯的能力，警官拿了張嫌犯的照片要來考驗他們。警官首先給第一個薩達爾看了五秒照片，然後問他說：「這是你要抓的嫌犯，請問你要如何認出他來？」

第一個薩達爾回答說：「這有何難？我們一下就能抓到他了，他這個獨眼龍太好認了！」

聽罷警官怒斥說：「薩達爾！他不是獨眼龍，我給你看的是他的側身照。」

接著警官把照片給第二名薩達爾看了五秒，然後問道：「這是你的嫌犯，請問你要如何認出他來？」

第二名薩達爾笑著說：「哈！這太好認了，他只有一只耳朵耶！」

又忍不住爆氣的警官怒吼：「你們兩個是哪根筋不對啊？就跟你們說照片是拍嫌犯側身了，當然只看得到一隻眼睛跟一只耳朵啊！你們倆就這點程度嗎？」

失望透頂了的警官把照片拿給第三個薩達爾看，並且用很不耐煩的聲音指示他說：

「這是你的嫌犯，請問你要如何認出他來？」

第三名薩達爾煞有介事地看了看照片，然後下了一個結論：「這名嫌犯戴著隱形眼鏡。」警官被這個說法嚇了一跳，他沒想到這個二愣子還有這一招。不過話說回來，他還真不確定這嫌犯究竟有沒有戴隱形眼鏡，於是實事求是的警官就先讓這第三名薩達爾給唬住了。「嗯，你這個回答還蠻有趣的，」警官說。「你在這兒等等，我去『卻可』一下檔案，回頭我們再繼續。」

警官話畢離開了房間，去到自己的辦公室，檢查了一下嫌犯的電腦檔案，然後甚為滿意地返回了薩達爾的面前。「哇嗚！你太讓我吃驚了，竟然讓你給說對了。這名嫌犯確實戴著隱形眼鏡。非常好！話說這麼觀察入微的判斷，你是怎麼做出來的呢？」

警官帶著笑意向這第三名薩達爾討教。

「簡單，」第三號薩達爾說。「他獨眼龍又只有一只耳朵，哪有辦法戴一般的眼鏡呢？」

隨著經驗主義在西方認識論中勝出，我們慢慢也理所當然覺得所有人都用這個方式在確認真相。

1 信仰錫克教的旁遮普人，在印度有著「遲鈍跟愚笨」的刻板印象，並從中衍生了一系列歧視性的種族笑話。

更衣室的鐵櫃前，三名女子正在換衣服要打壁球，這時突然闖進一名裸男，他全身上下只有頭用袋子包住。

第一位小姐看了看他的「香腸」後說：「嗯，這不是我老公。」

第二位小姐也看了一眼然後說道：「嗯，確實不是妳老公。」

第三位小姐看完則說：「他根本不是這裡的會員。」

其實雖然經驗主義與科學確實是主流，但不少人仍繼續把某些異象視爲奇蹟，而不會去相信那背後有自然的成因。作爲一位凡事抱持懷疑的英國經驗主義者，大衛・休謨曾表示要相信奇蹟，其唯一的理性根據就是所有其餘的解釋都更加離奇。假設有人堅持自己有一株盆養的棕櫚樹會唱威爾第歌劇《阿伊達》(*Aida*)裡的詠嘆調，請問哪一種情況更爲離譜：盆栽違反了自然法則？還是說這話的人瘋了、說謊成性，或是吸了迷幻香菇而神智不清？休謨的回覆是：**你嘛咖拜託！這還用問嗎？**（我們有把他的口氣換成現代用語）。人類搞錯或誇大的機率永遠大過自然法則遭到違反，所以不論在任何情況下，休謨都不認爲理性者會得出奇蹟發生的結論。更別說誰不知道盆栽喜歡韋瓦第勝過普契尼，[2]愛好室內樂勝過歌劇呢？

有趣的是在下面的故事裡，顯然是休謨徒孫的比爾讓一項眾人眼中的奇蹟接受了考驗，但最後他得到的結論竟是：奇蹟真的發生了：

有一天，比爾對朋友抱怨說他的手肘痛得厲害。朋友建議他去找隱居在附近洞穴裡的一名修道者。「你就把尿液的樣本留在洞穴外，讓他拿這個當材料去冥想，然後就是等待見證奇蹟的時刻了。他會分析好你的問題，然後告訴你該怎麼辦。費用的話只要十塊錢就好。」

比爾覺得試試無妨，於是他裝滿了一罈尿，連同十塊美鈔擱在了洞穴口。隔天他回到原處，發現那兒擺了張紙條是給他的，上頭寫的是：「你的毛病是網球肘，回家用溫水泡，不要舉重物，過兩個禮拜就會好一點了。」

當天晚上，比爾開始覺得修道者的「奇蹟」根本是他的朋友的詐騙手法，洞外的紙條根本是他朋友寫的。有了這個想法後，比爾決定要討回公道。他自組了一罐東西裡頭有自來水、自家狗狗的毛，還有他老婆、小孩的尿。算是補刀，他最後又加了

2 受威爾第啓發的另一位歌劇巨匠。作品旋律動人，在愛情上有諸多著墨，《蝴蝶夫人》、《波西米亞人》、《杜蘭朵公主》等皆為其著名作品。

一種自己身上的「特殊體液」，然後就把這罐東西連同十塊錢的費用放在了洞外。一切就緒後他便打了通電話去給自己的「朋友」，跟他說自己健康又出了問題，然後他又留了樣本在道長的洞外。

隔天他到洞外去領「診斷書」，結果紙條上說道：「你家的自來水太硬了，去買台軟水機吧。你的狗狗身上有蝨，給牠用蚤不到。你兒子在吸古柯鹼，送他去勒戒。你太太懷了雙胞胎女兒，但不是你的，所以去請個律師吧。最後如果你再老是這樣打手槍，網球肘就永遠好不了。」

不過比爾的故事是個例外，通常不論在笑話或是哲學裡，懷疑就代表著勝利。

老「醫生」布魯恩是在地五金行的老闆，但他還有另外一個出名的本領是能奇蹟般地治好街坊鄉親的關節炎，所以他的店門外總是有「病人」大排長龍。某天有位身形瘦小、嚴重駝背的老太太也來到他的店門前，只見她緩緩地拖著腳步前進，手中還拄著拐杖。

等輪到她了，老太太便走進了店面的後廳，然後很神奇地才不到半個小時，她就豎直著身子重見天日，用抬頭挺胸來形容也不算過分。

還在排隊的一名女子驚訝地說：「奇蹟出現了！你剛剛進去的時候，整個人是彎的，現在妳卻能挺直了腰桿走路，『醫生』到底是在妳身上施了什麼魔法啊？」

老太太回答說：「他給我換了一支比較長的拐杖。」

視力問題絕對不妨礙視障朋友當個貨眞價實的經驗主義者，只不過他們的經驗裡會少掉視覺資料這一塊：

時值逾越節，[3]一名猶太人在公園裡享用午餐。正巧一位視障朋友在他身旁坐下，於是這位猶太人便分了一些他的午餐給對方，那是一塊逾越節吃很應景的馬佐薄餅(matzoh)。[4]視障者接下了餅，用敏銳的觸感摸索了一下，然後心有所感地說：「這是誰**寫**的爛東西？」

---

3 為猶太人的節日，主要紀念上帝在公元前一五一三年拯救以色列人，讓他們脫離埃及人的奴役重獲自由。

4 未經發酵，所以又叫無酵餅，外形近似蘇打餅乾，凹凸的表面上有一條一條的橫紋。

下一個故事裡的（第二個）男人犯了一個很愚蠢的錯誤，他以爲因爲看不見，所以視障者就沒有其他的感官能力去確認事實：

有個男人帶狗走進酒吧，要了杯喝的。注意到狗狗的酒保說：「狗不能帶進來喔！」但這個男人完全沒被嚇到，他一拍都沒漏掉地說：「這是我的導盲犬。」「喔，對不起，老兄，」酒保趕緊道了歉。「喏，第一杯本店請客。」男人於是拿著招待的酒，去到了門邊的桌子坐下。

後來第二個男人走進了酒吧，一樣牽了隻狗。第一個男人機靈地攔下了他說：「這裡不能帶狗喔，不過你可以跟酒吧說這是導盲犬。」第二個男人滿心感激謝過了素昧平生的第一個男人，然後走向吧檯，點了杯酒。果不其然，酒保開口便說：「嘿，這裡不能帶狗來喔！」

第二個男人不慌不忙地答道：「這是我的導盲犬。」但酒保並沒有被說服，反而對他說：「我看不是吧。你牽的是吉娃娃耶，沒聽說過有吉娃娃在當導盲犬的。」

第二個男人愣了一下，然後回答說：「瞎密！他們給我的是吉娃娃？」

德國唯心主義

喔，拜託！一個物體一定有「感官與料」之外的內涵吧？比方說一定有什麼本質藏在表象的背後之類的。

至少十八世紀德國哲學家康德（Immanuel Kant）就是這麼想的。根據他的「讀後心得」，英國經驗主義讓被教條催眠的他有振聾發聵之感。曾經他認爲心靈可以針對「世界到底長怎樣」提供人一種確定的答案，但經驗主義者說因爲我們針對外在世界所具備的知識，都是透過五感取得，所以這些知識必然存在不確定性。草莓只有透過特定的「裝備」觀察，才會是紅色跟甜的，而裝備就是我們的眼睛跟味蕾。我們確知有些人的味蕾比較特別，草莓在他們嘴裡就一點都不甜。於是乎康德想問的是：讓草莓在（大部分人）眼裡看起來是紅色、（大部分人）嘴裡吃起來有甜味的那個草莓「本體」是什麼？

LEARN MORE

有人可能以為就算感官不可靠，科學也可以告訴我們事物（草莓）的本質是什麼。但仔細想想，科學其實也幫不上什麼忙。你可以說是草莓特有的化學結構，跟人類獨具的神經系統配合在一起，結果就是我們會覺得草莓紅（或不紅），覺得草莓甜（或不甜），所以化學結構就代表了草莓的本質，但這其實什麼也沒有解釋到。我們所謂「特定的化學組成」，只不過是「把草莓放進特定科學儀器所跑出來的結果」。把草莓送去跑測試，只能告訴我們草莓在這些機器的「眼裡」是什麼模樣，這跟咬一口草莓，讓味蕾告訴我們草莓是甜的，沒什麼不一樣。

康德因此下了一個結論，那就是我們無從得知被稱爲「物自身」(The ding an sich) 的事物本質。康德說物自身就像數學算式裡的 X 一樣，是個未知數。我們能認知的只有由現象構成的世界、由表象構成的世界，我們對於表現背後那個由超驗、本體所構成的世界，一無所知。

經由這種論述，康德擺平了爭議，帶領哲學界完成了典範轉移。理性無法讓我們知悉感官以外的世界。柏克萊主教那套「上帝像鍵盤宅男在無線網路上發訊號」的說法，乃至於任何一款以形上學來解釋世界的論點，都不可能由純粹的理性推導出來。康德之後的哲學，是一片嶄新的天地。

祕書：醫生，候診室有個男病人是隱形人。

醫生：是喔，那麻煩你轉告他我看不了他的病。

你可能不覺得這個笑話有把康德對現象與本體的區隔解釋得很清楚，但那是因為德翻英的問題（希望英翻中不要再有問題），翻譯的過程總是會流失一些東西。我們在康德母校柯尼斯堡大學 (U. of Königsberg) 的餐廳聽到的原版笑話是：

祕書：醫生醫生，候診室裡有個「物自身」。

泌尿科醫師：有完沒完啊！今天再給「物自身」看病，我就要叫了！這次是誰？

祕書：我怎麼會知道？

泌尿科醫師：不然你形容他一下。

祕書：醫生你別跟我開玩笑了！

是不是？原版的「物自身」笑話比較清楚吧。

這個笑話，其實頗爲耐人尋味。這名祕書出於只有自己清楚的理由，選擇了不向醫生透露她憑哪一點認爲候診室裡有個「物自身」。我們不知道這證據是什麼，但這一定是個「現象級」的證據！（我們的冷笑話，大家應該習慣了，也抓得到脈絡了吧。）是什麼蛛絲馬跡讓祕書覺得候診室不對勁？肯定是某種五感吧？又或許是第六感？或許是五感輪番上陣？但總之那一定是某個「感字輩」的東西！這裡的背景故事是祕書之所以頂著博士學位卻只能當祕書，是因爲她的博士論文是以康德的《純粹理性批判》(*Critique of Pure Reason*) 爲題。她要是不當祕書，就只能去炸薯條了。因爲是哲學博士，所以她聽到醫生要她「形容一下」物自身，她不知道醫生只是要她回答「妳體驗到什麼樣的感覺現象？」，她以爲醫生是要她說明「表象背後那個不可說的本質」。這種要求她從來沒聽說過，所以理智稍微斷線也是可以理解的。所幸她後來氣消了，還就這樣嫁給了跟醫生是親戚的德國哲學家海爾姆 (Helmut)，跟醫生成爲了一家人，現在已經是三個可愛孩子的媽。

對康德，乃至於對康德以降大部分認識論研究者而言，要分析像「我們有能力知道什麼事情？」跟「我們如何得知這些事情？」這類的問題，我們可以用一個角度切入，那就是去想想「關於我們知道什麼事情跟如何得知這些事情，**什麼樣的發言具有意**

物自身的肖像

義？」什麼樣的命題內含有關於這個世界的新知？

爲了回答這個問題，康德的做法是將命題分成兩種：一種是**分析命題**，一種是**綜合命題**。其中分析命題就是必然爲眞的命題。「鴨嘴獸都是哺乳類」是分析命題，因爲這裡頭不含有任何字典裡查不到的「鴨嘴獸」定義。相對於此，「有些鴨嘴獸會鬥雞眼」就屬於綜合命題。這句話確實增添了我們對世界的認識，因爲「鬥雞眼」並不在鴨嘴獸的定義範圍內。「有些鴨嘴獸會鬥雞眼」讓我們對鴨嘴獸的認知多了一點，而且這一點是你查爛了字典也不會知道的東西。

再來，康德又區分了所謂的**先驗命題**與**後驗命題**。**先驗代表我們不需要倚賴感官經驗，僅憑理性就可以得出這些命題**。我們之前說「鴨嘴獸都是哺乳類」，這就是一個先驗可知的命題。我們不需要跑去動物園看鴨嘴獸，也可以知悉此點爲眞。我們只需要翻一下字典，一切就清楚了。相對之下，**後驗的判斷，就是根據我們對於世界的感覺經驗得出**。「有些鴨嘴獸會鬥雞眼」，只能靠雙眼找幾隻活生生的鴨嘴獸來觀察得知。有空的話，你可以自己安排個木柵動物園半日遊，否則找個信得過的人替你跑腿也行。

LEARN MORE

到目前為止，我們已經舉例交代了什麼叫做「分析／先驗命題」（鴨嘴獸都是哺乳類），什麼又叫做「綜合／後驗命題（有些鴨嘴獸會鬥雞眼）。康德問道：「有沒有第三種是『綜合／先驗命題』？」如果有，那這就會是一種單靠理性就能取得，但又能讓我們針對外在世界獲得新知的命題。經驗主義者曾暗示過世上找不到這樣的命題，因為感覺經驗才是我們對於外在世界的唯一知識來源。但康德說：放開那女孩！嗯，不對，他說的是：且慢！那要是像「事出必有因，無風不起浪」這樣的命題呢？這屬於綜合命題：我們有在「事（件）」跟「（成）因」這兩個字的定義以外又新增了對世界的了解。但這也是個先驗命題，因為這點光憑理性而無須經驗就可以得知。為什麼會這樣呢？「這是因為，」康德說，「要是我們不假設此命題為真的話，那人就什麼智性經驗都不會有了。」我們要是不假定當下的狀況是起因於之前一連串事件的話，那我們就什麼事情都不可能搞懂，也不可能覺得任何一件事有意義了。那種感覺會像我們闖進了燒腦神片《穆荷蘭大道》(*Mulholland Drive*)[5]的世界裡似的，所有的事件都顛三倒四的看不出秩序。在那樣「不連戲」的世界裡，我們會被迫不去產生任何的命題或判斷，反正我們也不可能期待世界會按部就班地從這一秒演變到下一秒。

只要把分析／先驗命題跟綜合／後驗命題搞混在一起，成百的笑話就會如風暴來襲：

長壽的祕訣，就是連續一百年，每天都吃一顆肉圓。

這個笑話的笑點在於答非所問。問題想得到的是**綜合**／**後驗**的解決之道，但回覆所給的卻是**分析**／**先驗**的答案。長壽的祕訣，很顯然跟世界上的某些資訊有關。「經驗顯示哪些事情可以帶來長壽？」是這裡想問的問題。我們會期待答案是長得像「戒菸」或「每天睡前吞四百毫克的輔酶 Q-10」之類的東西，但得到的卻是分析式的答案，而且還附贈無厘頭的肉圓來當作煙霧彈，讓我們更加一頭霧水。這個有說等於沒說的答案就像是在講「要長壽，你就活個一百年好了，因為一百年以一般的標準來說算是長壽了，然後這段歲月這麼久，那就每天吃顆肉圓打發時間好了，反正肉圓吃不死人。」（其實肉圓並不健康啦，畢竟是油炸的東西，而且搞不好店家的豬油裡會有反式脂肪，但當然保證呷百二的你根本沒在怕，對吧。）

這還有一個例子：

喬：你有看昨天的星光大道嗎？那個叫蕭敬騰的刺客也太會唱了吧，你不覺得嗎？
布羅：哼！有什麼了不起，只要給我同一副嗓子，我才不會輸他。

是不是更有感了。我們說一個人「很能唱」，就是說他歌聲棒，很能唱的歌手一定要有副金嗓，不然咧？所以說布羅說「只要給我同一副嗓子，我才不會輸他」，這是廢話，布羅究竟會唱還是不會唱，我們還是無從得知。他這句話還可以說得更廢一點，那就是：「我要是很會唱，那我就很會唱啦。」如果這還不叫廢話，什麼才叫廢話？

對於「綜合／後驗」與「分析／先驗」傻傻分不清楚有了基本的概念之後，我們下頭來看一個複雜一點的狀況：

有名男子做了套量身訂做的西裝，然後在試穿時對裁縫師說：「這袖子得改短一點！長了兩吋！」

裁縫回答說：「別擔心，把你的手肘彎一下，像這樣，你看，是不是袖子就拉起來

5 美知名導演大衛．林區的電影作品，劇情前段如夢，後段現實，故事元素複雜難解，被人喻為燒腦「神片」。

了。」

男子說：「喔，OK，但你再看看這領子！我一彎肘子，領子就會跑到我後腦杓。」

裁縫說：「啊這樣你就把頭仰起來，往後壓就好了啊，完美！」

男子說：「但那樣的話，西裝的左肩就會比右肩低三吋！」

裁縫說：「無妨，那你就跟著腰往左邊彎，西裝的肩頭就會齊了。」

男子穿著西裝出了店門，右手不能伸直也不能放下，頭被逼著向後仰，身體則時時得像被颱風吹彎的歪腰郵筒。這樣的他走起路來舉步維艱，簡直像在抽筋抽個不停。

男子怪異的行徑，讓兩名路人不禁對他行起注目禮。

其中路人甲說：「你看，那個人好可憐喔，身體這麼不方便，我都想哭了。」

路人乙則說：「是啊，可是他的裁縫也太強了吧，你看他身上的西裝有多合身！」

綜合與分析，又在這裡強碰了（雖然故事裡有西裝，但這裡的綜合可不是指化學合成的人造纖維喔）。當路人乙說「這人的裁縫，也替他把西裝做得太合身了吧」，這是一個綜合／後驗命題，其用意在根據見聞來提供資訊，那就是**這人的裁縫顯然很有才**。但對於裁縫來說，「我做的這西裝超合身」是個分析命題，對他來說這等於聽到有人說「我做的這套西裝是我做的」一樣，畢竟按照裁縫那樣的「西裝穿法」，哪一套西

LEARN MORE

康德牌「人肉時鐘」

康德奉純理性為圭臬，因為對他來說，解決知識問題幾乎不需要個人經驗，也因此他甚少離開故鄉柯尼斯堡探險，只是終日過著一板一眼的生活，作息極其規律，包括他每天都會在晚餐後去散步。會說他的作息極其規律，是因為柯尼斯堡的居民只要看康德教授往返在街上的位置，就知道現在幾點，連住家的時鐘都可以靠這點來校正。康德大師每天走的那條街，現在被稱為Philosophengang，也就是「哲學家步道」。

較不為人知，真實性也較令人懷疑的另外一個冷知識，是在柯尼斯堡教堂任職的全職司事也會靠觀察康德散步中的位置來確認教堂塔鐘的時間，但反過來康德也是看教堂的塔鐘來安排散步的時間。

這份亂勁兒！分析與綜合命題都攪在一起了！康德與教堂司事都以為自己因為觀察對方的行為而獲得了新知。康德以為塔鐘上顯示的是德意志標準

LEARN MORE

時間，也就是官方根據地球旋轉資料所建立的時間系統。教堂司事也以為康德的例行散步就代表了標準的德國時間，因為他覺得康德的生理時鐘值得相信。但真相是，雙方都只得到了一個分析命題的結論，也就是必然為真的結論。

康德的結論「我三點半出發去散步」，其實寫成分析命題就等於：「該我散步的時候，我就去散步」，因為康德認知中的三點半，其實是別人根據他散步的時間所校準出來的。教堂司事的結論「塔鐘的時間正確」，寫成分析命題就是「塔鐘上顯示了塔鐘的時間」，因為他認定塔鐘準確的根據就是康德的作息，而康德的作息又反過來是根據塔鐘的時間。

數學裡的哲學

那迪米崔精準的見解「二加二等於四」，又是怎麼回事呢？這算是個必然爲眞的分析命題嗎？「二加二之和」這一點，也包含在我們對於「四」這個數字的定義裡嗎？

抑或這是個綜合命題？這命題有增添我們對世界的所知嗎？我們得到這個結論，是因爲先數兩個東西放到左邊，再數兩個東西放到右邊，最後再左右和再一起數一遍嗎？話說澳洲內陸深處的鄔乎那族（Voonhoona）部落就是這麼數東西的。

一名西方人類學家聽得一個鄔乎那族人說二加二等於五，便問族人他是怎麼知道的。「當然是數出來的啊，」族人說了，「我先在這條繩子上打兩個結，然後我又在那條繩子上打兩個結，最後我再打個結把兩條繩子綁在一起，一共不就五個結了嗎？」

數學裡的哲學大都有很高的「技術成分」，所以也相當困難。你唯一眞正需要知道的是進入數學的領域裡，人可以分成三種：一種是會數數兒的人，一種是不會數數兒的人。（**謎之音：這樣不是才兩種嗎？**）

實用主義

對威廉．詹姆斯（William James）這樣一位在十九世紀末研究認識論的實用主義者而言，命題的眞實與否要觀察其在**實用性**上的表現。按照詹姆斯的講法，我們會根據命題在實務上造成的差別，來選出我們心中的眞實命題。我們說牛頓的萬有引力定律爲眞，不是因爲其對應到事物的「本色」，而是因爲這定律「有用」，這定律能成功預測兩個物體在各種不同環境下的相對行爲：「嘿，就算在紐澤西州，蘋果也一樣會往下掉吧。」一項理論會從有用變成無用，是因爲我們有新的東西可以取而代之。

一名女性報警說老公失蹤了。警方請她描述了老公的長相，而她的回答是：「他身高一百九，很壯，一頭濃密的鬈髮。」

這讓陪她前來的朋友聽得一頭霧水：「妳在說什麼啊？妳老公身高一百七，禿頭，啤酒肚還超大。」

報警的太太告訴朋友：「那種老公失蹤了也好。」

這個笑話來到這裡，應該很多人都聽過。但很多人沒聽過的是下半段：

盡責的警察說：「女士，請提供能對應您先生真實樣貌的描述。」

報警的女子回答說：「對應？對應個頭啦！真相不能單單由認識論的標準來決定，因為這些標準要趨於完備，就不能不考慮到人所追尋的目標與認定的價值。換句話說，到了最後，能滿足人所需的東西才是真貨，對此我向老天發誓，我不見的那個老公絕對是假貨。」

現象學

在抽象的雲端裡翱翔過之後，哲學也往往會降落人間，回歸日常生活的經驗。就以二十世紀初的認識論而言，當時就是有現象學者跑來湊熱鬧，發表了他們對「什麼叫知道一件事」的看法。眞正說起來，現象學比較不算是一組哲學原則，而比較是一種哲學方法。現象學嘗試想了解的人類經驗不是一種客觀的資料，而是有血有肉的人類生活。所以比起高來高去的哲學家，現象學者更像是在審視人生的小說家。

德文裡有一個單字叫做 *einfühlung*，意思是「移情」或「同理」。埃德蒙．胡塞爾(Edmund Husserl) 等現象學者用這個字來指涉一種「知」的狀態。這種「知」是想要「附身」到另外一個人的經驗當中，然後按照那個人的方式去感知這個世界。他穿小鞋你也得穿小鞋，她戴鋼圈你也得戴鋼圈。

「珍妮醫生，」一臉尷尬的女子開口，「我有那方面的問題想請教。我老公沒辦法讓我興奮起來。」

珍妮醫生說：「好的，我明天會安排詳細的檢查，別忘了帶妳老公一起來。」

隔天性事不順的婦人回來複診，也按照醫囑把老公抓了來。「湯瑪斯先生是嗎？把衣服給我脫了，」醫生對先生下了指令。「好，現在幫我轉一圈。好的，現在躺下來，謝謝。嗯，嗯，好，可以了。OK，你可以把衣服穿回去了。」

「我檢查過了，問題不在妳，」珍妮醫生把婦人拉到一旁說，「妳老公也沒辦法讓我興奮起來。」

迪米崔：我承認，塔索，這個叫什麼認識論的好東西還蠻值得學的。

塔　索：好東西？好在哪裡？你的「好」如何定義？

迪米崔：在我回答你的問題之前。先讓我問你一個問題：你知道什麼叫「討人厭」嗎？

第四章

倫理學

辨別善惡是非，屬於倫理學的範疇，也是讓神父、專家跟為人父母者一刻不得閒的工作。
可惜的是我們的孩子跟哲學家都在忙別的事情，他們老愛纏著神父、專家跟爸媽追問：「為什麼？」

METAPHYSICS
LOGIC
EPISTEMOLOGY
ETHICS
PHILOSOPHY OF RELIGION
EXISTENTIALISM
PHILOSOPHY OF LANGUAGE
SOCIAL AND POLITICAL PHILOSOPHY
RELATIVITY
META-PHILOSOPHY

迪米崔：你之前問我的那個問題啊，就是「『好』該如何定義？」，我一直有在思考。然後我想出了一個答案，我覺得「好」就是行事能符合某個公義的原則。

塔　索：我的老天鵝啊！迪米崔，你真的是令人刮目相看耶！你說起話來愈來愈像個正港的哲學家了。那請容我問你最後一個問題：你怎麼定義什麼叫做「符合公義」？

迪米崔：拜託，這還問用嗎？我跟大家一樣啊，我媽在家都有教我啊。

塔索（撇過頭去）：為什麼好學生都跑到蘇格拉底那兒去了啊？

倫理學中的絕對主義：神律

神律（Dvine Law）把倫理學變簡單了：如果神說錯，那就錯，沒有例外也不容質疑。這就像沒有敗部復活的威廉波特，或者沒有復合可能的前女友——神都把話說死了，你還在期待什麼？但話又說回來，這當中還是有一點小複雜。首先第一點是我們怎麼確定**神是怎麼想的**？說到這一點，基本教義派就會出來跳腳了，他們會說《聖經》

說了算。但《聖經》裡的人物，又怎麼知道他們收到的訊號是真的來自上帝呢？亞伯拉罕自認他是受上帝的召喚，才在聖壇上犧牲了兒子當祭品。亞伯拉罕的想法是：「如果上帝這麼說，那我最好就這麼做。」我們要對亞伯拉罕丟出的第一個哲學疑問是：「你是哪根蔥啊，亞什麼罕的，你瘋了嗎？你聽到『神』叫你做這麼亂來的事情，你都不會想要確認一下喔？」

神律的另外一個問題在於「解讀」。《聖經》裡說你要「孝敬父母」，請問到底怎麼樣叫做孝敬父母？母親節送卡片？爲了讓爸媽高興而跟隔壁牙科那個沒情趣的兒子結婚？你覺得這種問題是在咬文嚼字、吹毛求疵？等你遇到相親對象身高不到一百六或體重超過一百三的時候，你就知道厲害了。

神律的一大特色就是：神說了算。

摩西拖著沉重的腳步從西奈山上下來，手握著刻有戒律的石板。最後他對聚集在山下的群衆說：「我有好消息跟壞消息，好消息是我跟大老闆商量好只留十誡，壞消息是沒有砍掉**通姦**。」

LEARN MORE

年輕而血氣方剛的聖奧古斯丁顯然也想跟上帝談條件，而且他想談的還是同一件事情。他曾在為了是否加入神職而天人交戰之際，喊出過自己的那句名言：「主啊，請賜我以貞潔，但不是現在！」很顯然，文字遊戲奧古斯丁也很愛玩。「我是說，您沒有明說**何時**不准犯通姦嘛，對吧？」你不覺得奧古斯丁天生就很有喜感嗎？

柏拉圖流的美德

在其代表作《理想國》(*The Republic*)（一譯《共和國》）當中，柏拉圖曾寫道：「國家便是個別靈魂的放大版。」因此爲了討論個人的美德，他手撰了一段以**理想國家美德**爲主題的對話。他稱呼理想國的統治者爲哲學家皇帝，這馬屁拍下去，難怪柏拉圖在哲學家之間那麼受歡迎。哲學家皇帝帶領國家，會像理性帶領個別的靈魂一樣。不論是對哲學家皇帝或是對個人的理性來說，最大的美德都是智慧，而柏拉圖定義智慧是「能理解善的概念」。但問題又來了，你的善跟我的善，不一定會是同一種善。你覺得有智慧很棒，搞不好別人覺得有錢才爽。

在某大學一場教師會議上，一個天使突然現身跟哲學系的系主任說：「願望三選一，你要智慧、美貌，還是一千萬美元？」

系主任毫不遲疑地選了智慧。

這時突然一道閃電劃過天際，系主任彷彿脫胎換骨，但他的人仍坐在原地，銳利的眼睛掃過會議桌邊的所有同仁。驚魂未定的其中一個同事開了口：「你倒是說話啊。」

系主任說：「我應該要錢的。」

斯多噶主義

對於西元前四世紀的斯多噶主義者（Stoics）而言，他們關心的倫理問題是活在一個受到嚴密管控的帝國中，那種瀰漫在空氣中的宿命論該如何因應。但由於對日常生活中的點點滴滴，他們能改動的地方不多，所以他們決定改變自身對於生活的態度，畢竟態度是關於自己，他們唯一可以控制的東西了。而最終斯多噶主義者想到的辦法，是讓情緒與現實生活脫鉤。他們稱呼這種態度叫做 **apathia**（無感），也就是一種**平常心**。對於斯多噶主義者而言，無感是一種美德，而這也讓他們成爲了酒館中的笑料來源。斯多噶主義者願意犧牲某些幸福（高潮、美酒、嘻哈饒舌歌曲），以避免這些幸福可能帶來的後遺症（性病、宿醉、很差勁的押韻）。斯多噶主義者行事只遵循理性，絕不牽扯激情，因此他們自認爲是唯一眞正幸福的一群人——意思是他們「不會不快樂」。

在下方的故事裡，古柏先生示範了現代版的斯多噶主義：一種「死道友不死貧道」的斯多噶主義。

古柏一家子被帶進牙醫的診間，其中古柏先生強調自己在趕時間。

「不用太多花招，醫生，」他一副在下命令的口氣，「不用笑氣也不用打針，總之不用麻醉了，就直接把牙給拔了了事。」

「哇，我真希望每個病人都像你一樣堅忍不拔，那我可就省事多啦，」牙醫說得佩服至極，「那，你今天要拔的是哪一顆牙呢？」

這時古柏先生才轉頭跟太太說：「寶貝，乖，啊～～～」

LEARN MORE

卻斯特頓 (G. K. Chesterton)[1] 曾經寫道：「『好』這個字有很多意思。比方說，要是有個男的從五百碼以外開槍射中他媽媽，我會說他射得好，但我不見得會說他是個好人。」會用上「不見得」這個修飾語，顯示卻斯特頓擁有一顆「『真』哲學家」的心靈。

功利主義

我們都知道在二十世紀，左傾的革命者列寧說過：「目的對了，什麼手段都是對的。」但很諷刺的是，這種看法其實跟美國共和黨大右派的御用哲學家約翰．斯圖爾特．彌爾 (John Stuart Mill)，顯得有點英雄所見略同。彌爾與功利主義者主張一種「效果主義」(consequentialist) 的倫理，意思是：行爲的道德正確性，完全由其產生的效果決定。

下方故事裡的主角，很顯然就是個功利主義者（無誤）：

1 一八七四－一九三六，英國作家、文學評論者及神學家。熱愛推理小說，首開以犯罪心理學推理案情之先河，與福爾摩斯注重物證推理的派別分庭抗禮。

歐卡拉罕太太指示著替她畫肖像的畫家，她想要在兩個手腕上各加一圈金手鐲，脖子上要掛一串珍珠項鍊，然後耳垂要戴紅寶石耳環，頭上要頂著皇冠。畫家回她說：「這是說謊的行為喔。」對此歐卡拉罕女士說：「聽著，我老公在外面跟年輕的金髮妹廝混，等我死了以後，我要她找這些不存在的珠寶，找到瘋掉。」

這樣的行事藉口，理論上可以拿來替一些嚴重的事情開脫，前提是其後果要讓人感覺「還不錯」。

身為寡婦的布雷伍特太太在她鄉間俱樂部的游池邊度過優閒的時光，結果她突然看到一個帥哥在做日光浴。她迂迴地晃了過去，然後對帥哥說：「嗯，我好像沒在這兒看過你耶，你是新來的嗎？」

「你當然不可能看過我，」男士說道，「我在監守所關了三十年啊。」

「不會吧？你什麼案子被關？」

「我殺了自己的老婆。」

「啊，」布雷伍特太太驚呼一聲，「所以你現在單身囉？」

甚具影響力的當代功利主義學者彼得．辛格 (**Peter Singer**) 常把眾人都同意會牽涉到嚴重後果的決定，跟表面看似後果無足輕重的決定放在一起類比。他主張後者在倫理學上的意義與前者大同小異。在某篇論文中，他提出了一種情境。假設有人把無家可歸的孤兒賣給大公司去割取他的器官來做爲移植之用，然後用這樣賺來的錢去買新的大電視。這樣的行爲壞透了，沒有人會不同意。但辛格又說其實不論我們的錢是怎麼來的，只要我們把原本可以捐出去的錢拿去買電視，那這行爲就與販賣人口無異。他認爲怕良心不安，唯一的正解只有把錢捐給慈善機構來保護失怙的孤兒，其他通通零分。聽到這種話你會不會很氣？說到從極端個案推到普世道德判斷的類比論證，我們還可以來看看下方這個經典笑話。

他：一百萬美元跟我睡一晚，幹不幹？

她：一百萬美元？哇，好像可以喔。

他：那兩塊錢呢？

她：去死啦，肥宅！你當老娘是出來賣的啊？

他：我剛剛已經知道妳是出來賣的了啊，我現在只是跟妳講價而已。

至高定言令式與金科玉律

康德哲學的最高指導原則，亦即負責評估所有其他倫理準則的標準，或是所謂標準中的標準，康德稱之爲「至高定言令式」(super categorical imperative)。乍看之下，此一令式不過就是平日我們說的「金科玉律」，只不過名字取得比較嚇人，寫法比較有學問而已。

同一句話的金科玉律版說：「你要別人怎麼對你，你就怎麼對人。」

康德的至高定言令式：「你的行爲舉止，必須符合你能同時希望成爲普世法則的準則。」

很顯然，這兩個版本放在一起一比，康德的版本比較冷冰冰。光是「至高定言令式」的英文「supreme categorical imperative」，聽起來就很像在說有稜有角的德文，不過這也怪不得康德，人家本來就是德國人來著。

不過話又說回來，定言令式跟金科玉律確實在哲學上有很多重疊的地方：

兩者的指涉都不是針對特定的個別行爲，比如「要尊敬父母親」或「菠菜給我吃乾淨！」。

進一步說，兩者都提供了抽象的原則來供人判斷特定的行爲是錯是對。

不論是定言令式或金科玉律，都以同一個抽象的原則召喚出了一個觀念，那就是每個人都跟你我一樣尊貴，所以每個人都值得得到符合道德的待遇，就跟你我一樣……當然尤其是我啦。

不過，這兩者之間還是存在一個基本的差別，至於是什麼差別，下面這一句話解釋得一針見血：

施虐狂，就是遵守金科玉律的受虐狂。

受虐狂會跑去讓人皮肉痛，只是因爲他想遵守金科玉律：做他想讓別人對他做的事情，而且最好是跟鞭子有關的事情。但康德會說世界上絕找不到受虐狂能摸著良心說「讓人皮肉痛」這種道德令式可以推廣到全世界，這要是推出去，地球哪還能住人？換句話說這種做法，就算是受虐狂也不可能覺得合理。

出於同樣的思路，英國劇作家蕭伯納以妙筆挖苦了金科玉律：

「己所欲，勿施於人，因為一種米養百樣人。」

LEARN MORE

金科玉律不是康德的專利，而是在大千世界的各種信仰中有不同的變形：

印度教（西元前約十三世紀）

你不希望成為苦主的事情，就不要對別人行下去……這就是法的全部，慎之慎之。

——古印度梵文史詩《摩訶婆羅多》(*The Mahabharata*)

猶太教（西元前約十三世紀）

你恨之入骨之事，就不要行在你的鄰人身上，這就是妥拉（律法書，一般指《摩斯五經》）的全副內容。其他都只是評論而已；這事要學起來。

——猶太教僅次於妥拉的經典《巴比倫的塔木德》(*The Babylonian Talmud*)

LEARN MORE

祆教（西元前約十二世紀）

人的善性，就在於凡對自己不好的事情，都不行在別人身上。

——祆教宗教判律《達迪斯坦—迪尼克》（*The Dadistan-i-Dinik*）

佛教（西元前約六世紀）

不要用你自身會覺得受傷的做法，去傷害到別人。

——藏傳法句經（*Dhammapada*）

儒家（西元前約六世紀）

己所不欲，勿施於人。

——孔子，《論語》

伊斯蘭教（西元七世紀）

你們誰也稱不上信徒，除非你自己渴望什麼，也渴望別人能得到同樣的東西。

——聖行，先知穆罕默德，《聖訓》（*Hadith*）

LEARN MORE

巴哈伊信仰[2]（十九世紀）

不要把你不希望被歸諸的事情歸在別人身上；不要說你不希望別人說你的話語。這是我對你的命令，務必遵循。

——創教者巴哈歐拉（Bahá'u'lláh），《隱言經》（*The Hidden Words*）

美劇（二十一世紀）

幹掉別人的時候，要帶著你希望別人幹掉你時要有的那種尊重，懂嗎？

——東尼老大，《黑道家族》（*Sporanoism*）

權力意志

十九世紀，德國哲學家尼采大膽地宣稱他顛覆、創新了傳統的基督教倫理。他一開始的手筆也沒多大啦，只不過是宣布「上帝已死」罷了，而上帝只好不甘示弱地在各個大學城中男廁所間的牆上宣布「尼采掛了」。尼采說「上帝已死」，意思是西方文化的成長已經超脫形上學對世界的詮釋，也超越了在形上學身旁亦步亦趨的基督教倫理。他稱呼基督教是一種「群畜」倫理 (herd morality)，因爲他認爲基督教所教導的是一種「違反自然的倫理」——基督教認爲由某個強大的雄性首領「男一」去統御群體——是不宜的事情。爲了取代基督教的這種「群畜」倫理，他提出的「替代方案」叫做「權力意志」，這是一種本於力量、而且相當勵志的倫理觀。在這樣的觀點中，出類拔萃、萬中選一的個體，也就是尼采所說的「**超人**」(Übermensch)——不是正義聯盟的那個超人，不要搞混——會鶴立雞群於群體的道德之上，而這樣的超人有資格自由地表現他高於群體的天賦、力量與優越。就對金科玉律的看法而言，尼采很顯然會跟《黑道家族》裡的東尼老大是同道中人。也因爲如此，很多事情都被一股腦怪到尼采頭上，大至德國納粹的軍國主義，小到讓人吃不飽的德國酸菜，都一概被講成了尼采的錯：

> 德國食物的問題在於不論你吃多少，都只能撐一個小時，那之後你又會渾身無力，化身「么鬼」，就像獨裁者面對權力時一樣。

2 BAHÁ'Í，信仰亞伯拉罕，認為猶太教、基督教、伊斯蘭教源自同一位神的一神信仰，其基本教義為上帝唯一、宗教同源和人類一體。巴哈伊信仰於一八六三年創建於伊朗，並由中東向外傳播。

情緒主義

到了二十世紀中期，多數倫理的哲學家都研究起了「後設倫理」，也就是他們不問「什麼樣的行爲叫做好？」，他們問的是：「說一個行爲好，是什麼意思？」說「X好」，單純地表示「我肯定X」嗎？或者換個角度來看，「X好」是不是表達了我在觀察或思考X時所產生的某種情緒？其中後者，也就是我們所稱的情緒主義，正是下方的故事所想表達的主題：

有個人寫了封信給美國國稅局說：「今年報稅時我以多報少，逃漏了所得稅，良心不安讓我晚上睡不好，因此隨函附上一張一百五十美元的即期支票。不夠的部分我先看看今晚睡得如何。」

應用倫理學

就在後設倫理學對於「好」是什麼意思的臆測快要油盡燈枯之際，倫理學本身的研究又再度清醒，成了很潮的一件事情，主要是哲學家於此時再度開始就哪些特定的行爲算是好算是善，提起筆來。生命倫理學、女性主義倫理學，以及如何正確對待動物的倫理學等各種應用研究，成了大勢所趨的當紅炸子雞。

有一類發酵於二十世紀的應用倫理學，是專業倫理學，也就是用來規範專業人士與客戶／患者間關係的準則。

在參加完一場談職業倫理的會議之後，四名精神科醫師聯袂走出會場。其中一人說：「話說，大家都來找我們談他們滿滿的罪惡感或恐懼，但我們有罪惡感或恐懼卻沒人可找也沒地方去。今天剛好有這個機緣，我看我們要不要互惠一下，輪流當一下彼此的心理醫生呢？」另外三個人紛紛表示贊同。

第一個精神科醫師說：「我真的很想把來找我的病人給殺了。」

第二個精神科醫師說：「我一天到晚在敲病人的竹槓。」

第三個精神科醫師說：「我在販毒，而且我還會找病人當下線。」

第四個精神科醫師說：「我啊，我一直都有想辦法要改，但保守祕密對我來說真的好難。」

醫院裡不同的科別，都各自發展出了不同的職業倫理。

四個醫生約了一起出遊去打獵，獵物是雁鴨，而這四名醫生分別屬於家醫科、婦科、外科跟病理科。一隻鳥從他們頭上飛過，家醫科開了幾槍後又縮了回來，因為他不能百分百確定那是隻雁鴨。婦科也射了幾發子彈後放下了槍，因為他想到自己並不清楚那鴨子是公是母。外科一槍轟掉了那隻雁鴨，然後轉頭對病理科說：「你去看看那是不是隻雁鴨。」

醫師我們虧夠了，律師也有其職業倫理。萬一客戶該付三萬卻誤給了四萬的律師費，那不可免的倫理問題就是這律師要不要跟合夥人講。

神職者也有其職業倫理，不用覺得奇怪；他們的職業倫理歸上帝管，也很正常。

年輕的拉比很迷高爾夫球，就算是在猶太教一整年最神聖的贖罪日 (Yom Kippur) 這天，他也會一個人溜去打個九洞。

打到最後一洞，沒想到一陣強風吹啊吹，讓他開出去的球一桿進洞。

這個奇蹟讓一個天使給撞見了，於是天使向上帝抱怨說：「這小子贖罪日給我跑來

© Mike Baldwin / Cornered
BALDWIN
倫理鮮肉店
咬人被處死
五元／磅
死於非命牛
四元／磅
陳屍大排豬
三元／磅
跳傘意外雞
二．九五元
／磅
船難遇害魚
四元／磅

打球，結果祢還讓他一桿進洞，這也叫懲罰嗎？」

「這當然是懲罰，」上帝笑著說，「一桿進洞又不能跟人說，還不叫懲罰嗎？」

LEARN MORE

應用倫理學之所以有趣但也很燒腦的一點，就在於倫理問題經常都是一種兩難。比起兩害相權取其輕，應用倫理往往要你在兩種「好」當中抉擇，正所謂「有一好沒兩好」：「自古忠孝難兩全，我應該為家庭付出，還是為工作打拼？我要以孩子為優先，還是先考慮自己？愛國很重要，但要是國家讓我泯滅人性呢？事實上就是因為這種實務上的倫理兩難層出不窮，所以像「親愛的艾比」(Dear Abby)或「安蘭德斯女士」(Ann Landers)這類專為人指點迷津的專欄才能歷久不衰。即便到現在，我們也還是看得到藍迪．柯衡(Randy Cohen)在《紐約時報》上開專欄寫這樣的題材。

下方是一個柯衡剛張貼在 slate.com 網站上的問題，也是他無緣親自回答的經典好問題：

雖然我很滿意目前的工作，怎麼說我也才剛升官（沒錯，我現在是蘇格蘭

LEARN MORE

考德地區的新任領主了），但我老婆還是不滿意，她希望我能更加出人頭地。我不是說我沒有上進心，但我不太想為了往上爬而做一堆狗屁倒灶的事情——長時間工作、下狠手殺人。但話又說回來，我難道沒有義務考慮到太太的需求嗎？畢竟我們是一家人。

——蘇格蘭的馬克白

心理分析對於哲學倫理的影響

佛洛伊德雖然不是哲學家，但他對於倫理哲學卻產生了深遠的影響，主要是他主張決定人類行爲的其實是無意識的生理衝動，而不是美好、理性與哲學性的分辨能力。他認爲不論我們多麼努力想讓生活處於理性的控制之下，就像道德哲學家對我們的期待一樣，我們的無意識都還是一定能突圍出來。英文中稱呼口誤有一個說法叫做**「佛洛伊德失誤」**，意思就是名爲口誤，但我們表達的其實搞不好才是眞正的心聲。不然怎麼會有市議員在介紹美艷動人（但跟他私下有一腿）的新科女議長出場時把「優秀的公僕」說成是「優秀的女僕」。

一名心理治療師問病人去媽媽家的感覺如何。

病人回答說：「一點也不好。我說錯話了。」

「是喔？」治療師說。「你說了什麼？」

「我原本想說『可以幫我傳一下鹽嗎？』結果不小心說成：『妳這個賤貨！都是妳毀掉了我的人生！』」

對佛洛伊德而言，能讓人對眞正主宰我們行爲的無意識有所了解的，不是世界上任何一款倫理哲學，而是一夜好夢。

男子一衝進了精神科醫師的辦公室裡就頻頻道歉，他說他睡過頭了。

「但我在夢裡有很大的突破說，」男子氣喘吁吁地說。「我跟我媽走在一起，然後她突然變身成了你的模樣！然後我就醒了，換好衣服，胡亂吃了可樂跟甜甜圈，然後就衝來你這裡了。」

精神科醫師聽完後說：「可樂跟甜甜圈？早餐吃這樣怎麼成？」

另一方面，就算是佛洛伊德也承認不應該把人類行爲通通推給無意識的衝動，否則有時候會造成我們對明顯的事實視而不見。對此他有一句名言是：「有些雪茄，就眞的只是雪茄而已。」

一個男人原本好好地在用直刃的刮鬍刀刮鬍子，沒想到鋒利的剃刀突然從手中滑掉，他的小雞雞瞬間被切掉。他把老二撿了起來，塞進口袋，衝到外頭攔了輛小黃，然後跟穩將大哥說他急著去醫院看急診。

到了醫院的急診處，男人跟醫生說了事情的經過，醫生也馬上表示：「現在分秒必爭，你的老二呢？快交給我。」

男人二話不說把手往口袋裡一伸，把掏出來的東西交給了醫生。

「你給我這什麼，這是雪茄，」醫生說，「哪是什麼陰莖！」

男人這才恍然大悟：「喔，我的老天鵝啊，我在計程車上把小雞雞抽掉了。」

境遇倫理學

一九六〇年代，所謂的「境遇倫理學」(situation ehtics) 成了眾人的焦點。支持者宣稱倫理要因時因地制宜，也就是所謂的「好」在不同狀況下有不同的定義。某個情境牽涉到哪些人？這些人對事情的結果有多少可以合法主張的權益？事情的結果會如何影響到未來的演變？還有就是開口提問的人是誰？比方說遇到出軌的問題，境遇倫理學者會想知道的其中一件事情是當事人的婚姻狀態。婚姻狀態究竟是幸福美滿，還是同床異夢、名存實亡，都可能影響到哲學家如何選邊站。境遇倫理學的反對者對此非常跳腳，他們擔心這樣的境遇倫理會被拿來當成人爲所欲爲的擋箭牌。有些反對者的立場非常絕對而堅定，他們認爲不論有天大的理由，出軌就是不對，沒有什麼境遇可以拿來說嘴。

但很弔詭的是，有時候我們就是要忽視特定的處境條件，才能創造出機會來大肆「自肥」。

歹徒持槍衝進了銀行，準備行搶。來辦事的客人與銀行行員被叫去牆邊排排站，然後一個個被搜刮了他們的皮夾、手錶跟珠寶，其中包括兩名銀行雇用的會計師。就在快要輪到被搶之前，第一個會計師突然將手中的一樣東西塞到了第二個會計師的手心裡。

第二個會計師壓低了聲音說：「這節骨眼你塞什麼給我？」

第一個會計師悄悄回答同事說：「那是我之前欠你的五十美元。」

迪米崔：我還是不確定什麼是對，什麼是錯，但有一件事情我很確定，那就是人活著要討諸神歡心。

塔　索：你是說像宙斯跟阿波羅嗎？

迪米崔：對啊。或者是我個人最喜歡的阿芙蘿黛蒂。

塔　索：我也很喜歡愛神，但前提是她得真的存在。

迪米崔：什麼叫做「得真的存在」？你說話注意一點，塔索。我可是看過成年人這樣說話被天打雷劈過。

第五章

宗教哲學

哲學家們喜歡拿來作文章或拌嘴的「神」或「上帝」，跟我們多數人認知中的神是兩碼子事。你想像中的神是慈愛的天父，祂會夜裡不辭辛勞在天上看顧著你，但哲學家口中的神是一種抽象的概念，你可以想像那就像《星際大戰》(***Star Wars***)電影裡的原力。

METAPHYSICS
LOGIC
EPISTEMOLOGY
ETHICS
PHILOSOPHY OF RELIGION
EXISTENTIALISM
PHILOSOPHY OF LANGUAGE
SOCIAL AND POLITICAL PHILOSOPHY
RELATIVITY
META-PHILOSOPHY

迪米崔：我前幾天跟宙斯聊天，祂說祂覺得你會帶壞我。
塔　索：是喔，這倒挺有趣的。因為我才覺得祂帶壞了你。
迪米崔：宙斯怎麼帶壞我了？
塔　索：祂讓你以為幻聽到的東西是真的。

「信神」這檔事

除了信與不信以外，還有第三種人叫做**「不可知論者」**，這種人認爲神的存在無法根據現存證據加以證明或否定，但他們也不否認上帝存在的可能性。不可知論者距離無神論者只有一步之遙，無神論者認爲上帝的存在與否沒有爭議，那就是不存在。這兩種人如果途經燃燒的荊棘（這種在《出埃及記》中極具代表性的意象），而且那荊棘還用神的口吻出聲說了句：「我乃自有而永有。」，不可知論者會開始探頭探腦地找找看有沒有錄音筆藏在荊棘裡開擴音，而無神論者則會一點懸念都沒有地掏出棉花糖來烤。

這天有兩名平日一起喝酒的愛爾蘭佬在酒吧裡待著，結果他們看到吧檯的另外一頭坐著一個頂上無毛的傢伙在獨自喝著悶酒。

派特：欸，我說啊，那個人可不就是小溫嗎？

尚：吶，怎麼可能，小溫怎麼可能出現在這種地方？

派特：我不是在開玩笑，你仔細看看。我發誓那真的是嗜酒又暴躁的溫斯頓．邱吉爾。要不然我拿十英鎊出來跟你賭。

尚：哇咧，好像被你給說對了耶！

於是派特走了過去，對那位禿子說：「你是小溫，溫斯頓．邱吉爾，對吧？」

禿頭佬大喊一聲：「給我滾開，你這個白癡！」

被吼完的派特回座對尚說：「這下子真相只能永遠石沉大海了，是吧？」

這種表現，真的是不可知論者的模範。

無神論者是另外一種狀況。哲學家很久以前就達成一個共識，那就是信神者與無神論者之間無法進行有意義的爭辯，理由是他們對任何一件事情都有不同的解讀。要進行有意義的辯論，雙方必須有一些重疊的立足點。有若干共同點，其中一方才有可能說出：「啊哈！你要是承認 X，那你就得承認 Y 啊！」無神論者與信神者永遠找不到X來當作出發點，所以討論也永遠沒有展開的一天。這兩造的觀點，是兩條永遠沒有交會點的平行線。如果你覺得這樣的說明有點抽象，那下面的故事會讓你覺得非常有感，非常踏實——事實上，這故事會讓你感覺像是隔壁鄰居發生的事情。

某位信奉基督教的老太太有個習慣，就是每天早上會走到門廊上大喊一聲：「讚美主！」

然後每天早上，隔壁的男性無神論鄰居也會回嗆一聲：「世界上沒有神啦！」雙方你來我往了好幾個禮拜。

「讚美主！」老太太喊。

「沒有神！」鄰居回嗆。

日子一天天過去，老太太在經濟上有了危機，連吃的都幾乎買不起了。走投無路的她走到門廊上向上帝求助，她希望上帝能賜予她一些生活雜貨，結束時她還是說了聲：「讚美主！」

隔天早上，老太太照例來到門廊前，映入眼簾的正是她向上帝懇求的生活所需。喜出望外的她當然沒忘了來上一句：「讚美主！」

沒想到說時遲那時快，隔壁的無神論者立馬從樹叢中跳了出來說：「哈哈，被我抓包了齁！這些東西是我買的啦。就跟你說世界上沒有神吧！」

老太太看了看這鄰居，笑了出來，然後又大喊了一聲：「真的要讚美主！祢不僅把我所需送到面前，而且還沒忘了讓撒旦出錢！」

LEARN MORE

山姆．哈里斯（Sam Harris）[1]在他二〇〇五年的暢銷書《信仰的終結》(*The End of Faith*)裡提出了他對宗教信仰的精闢見解。這些觀察交到優秀喜劇演員的手裡，絕對可以編成一個精彩的段子：

「你跟虔誠的基督教徒說他老婆偷人，或是跟他說冷凍的優格可以讓人隱形，他要求你出示的證據絕不會因為信仰而少任何人一分，基本上證據到哪兒，他才會相信到哪兒。但你跟他說他案頭的那本書是一個看不見的神祇所寫，而且裡頭光怪陸離的主張你要是不照單全收，就會被這個神施以永恆之火的酷刑懲罰，他倒是看不出有任何想要要求證據的感覺。」

不過哈里斯也沒有忘記平衡報導一下身為無神論者的壞處，那就是高潮的時候你沒辦法喊「喔買尬」。

十七世紀法國數學暨哲學家巴斯卡（Blaise Pascal）主張要不要信上帝的這個決定，本質上跟買樂透沒有兩樣。若當成眞有上帝，抱著「舉頭三尺有神明」的心情去過日子，結果到了最後才發現死後什麼都沒有，那其實我們損失也不大，嗯，頂多是沒有能放縱地好好享受七大罪的樂趣吧。但反過來就不是開玩笑的了。萬一我們賭世上沒有神，結果最後突然跑出一個上帝，那我們可就虧大了，因爲我們將付出的代價是死後的永福——永恆的幸福。所以說，按照巴斯卡的建議，聰明的我們應該要活得像是眞有神一般。在學界，巴斯卡的這個論點被冠上了一個術語叫做「**巴斯卡的賭注**」，而對我們一般的老百姓而言，這就是買個保險的概念。

讀過巴斯卡的《沉思錄》（*Pensées*）之後，深受啓發的一名老太太去到了銀行。她背包裡放了滿滿十萬美元的現鈔，湊上櫃檯就說要開戶。繃緊神經的帥哥櫃員問她的錢是哪兒來的。

「我賭贏的，」老太太說，「我可是賭后呢。」

被這話給引起興趣的行員接著問道：「那您都賭些什麼呢？」

「喔，我什麼都賭啊，」老太太說，「要不這樣，我現在就跟你賭兩萬五，我賭明天中午以前你右邊的屁股蛋上會出現一道蝴蝶飛的刺青。」

「是喔，那我再樂意也不過了，」行員說，「但用這麼離譜的打賭來賺妳的錢，我覺得自己不太應該。」

「那我這麼說好了，」老太太說，「你要是不跟我打這個賭，我就去別家開戶。」

「等等，別衝動嘛，」行員說，「我賭就是了。」

老太太隔天中午帶著要當見證人的律師回到了銀行。行員轉過身去，脫褲秀出屁股，然後大方地請律師跟老太太看清楚自己的身上沒有刺青，所以他顯然是賭注的贏家。

「好，」老太太說，「但是你可不可以腰再彎低一點，我想確定一下呢？」

行員照辦了，認輸了的老太太於是從背包中數出了兩萬五美元。

在此同時，律師一直坐著把頭埋在兩手當中。

「他怎麼了嗎？」行員看著納悶，便問了一聲。

「喔，他只是輸不起啦，」老太太說，「我跟他賭十萬塊說你今天中午會在銀行大廳用屁眼瞪我們。」

---

1 美國著名作家、哲學家、神經科學家和無神論者。被稱為新無神論的四騎士之一。

買保險跟出老千，保護自己跟坑殺別人，都只有淡淡的一線之隔。下頭我們再來看看巴斯卡策略 2.0 的用法：

猶太新年第一天的禮拜，有個來參加的男人肩膀上停了一隻鸚鵡。他跟好幾個人打賭說自己的鸚鵡比會堂裡的司會更厲害，可以把禮拜的氣氛帶得更嗨。但禮拜的時間一到，被主人寄予厚望的鸚鵡卻一聲不吭。後來回到家，男人對鸚鵡很不諒解，他抱怨鸚鵡害他輸了不少血汗錢。面對主人的批評，鸚鵡忍不住說話了：「用點大腦好嗎，你這個蠢蛋！我是在為十天之後布局，你知道這樣贖罪日時我們的賠率會有多高嗎！」

嘿，這隻鸚鵡很會喔。或許我們可以學牠爲巴斯卡賭注的賠率布局，這樣我們就可以星期天早上照樣去打高爾夫，但又能在最後讓（要是眞的存在的）祂老人家開心。天知道這是我們每個人的夢想！

自然神論與歷史宗教

十八世紀的哲學家若非懷疑論者，那就很有機會是「**自然神論者**」(Demist)。自然神論者信仰的是遠方一個不具人形與人性的哲學家之神——這樣的神其實真的不太像人，而比較像是一股自然力量，這樣的神不是你可以傾訴的對象，而比較像是一個敬業的鐘錶師傅。傳統的猶太人與基督徒對此產生了強烈的反彈。他們的神，這兩群人堅稱，絕對不會只是什麼鐘錶師傅。祂是歷史的主宰，祂見證了摩西帶領以色列人出埃及、在沙漠中風塵僕僕，最後在應許之地安定下來。簡單講，祂忠實地守護在子民身旁——就像是一種「危急時非常拿得出手的錦囊妙計」。

一名猶太人的祖母看著孫兒在沙灘上玩耍，突然間一道大浪打來，把孫子捲到了海裡。身為祖母者馬上向上天祈求：「拜託拜託，神啊，救救我唯一的孫子吧。我求祢了，讓他回到我身邊吧。」

話畢又是一陣大浪，把男孩沖回了岸邊，而且整個人完好無缺。

祖母端詳了孫兒一番，望向天堂補了句：「他的帽子呢？」

你應該不會對一板一眼的鐘錶師傅，還能有這麼多要求吧？

神學的區別

相對於宗教哲學家念茲在茲的是各種大哉問，比方說世上有沒有神，神學家吃不完得端著走的東西就沒有那麼大盤了，就像他們在大齋節 (Lent) 的時候一樣。

LEARN MORE

按照二十世紀哲學家兼神學學者保羅．田立克 (Paul Tillich) 的說法，宗教哲學與神學之間的差別不僅僅在於問題或餐點的份量大小。田立克認為，哲學家想追出的是神本人與其「周邊商品」的真相，客觀在這裡頭是不可少的。相對之下，神學學者在出發點就已經「牢牢地被信仰捏在手裡了」，他們已經陷進去了，已經簽下去了。換句話說，宗教哲學家看「神」，是以外人的角度往裡瞧，而神學學者是「自己人」，是從內部在看事情的當局者。

在神學中，「聖靈是出於聖父，還是同時出於聖父與聖子？」這種迫切的問題，立

「那麼，之後每個月，你都會收到一組新的誡律。」
不滿意隨時可以取消訂閱，第一組誡律可供您保留，
完全不收您費用。

場是壁壘分明的。但對沒有神學背景的普通人來說，我們肯定需要一點淺顯易懂的說明來理解神學中的各種差異。所幸感恩 seafood 讚嘆 seafood，喜劇演員總是會很熱心地跳出來給我們這方面的幫助。根據喜劇演員的說法，要判斷一個人的宗教派別原來不用那麼辛苦，你就看他們**認誰或不認誰**就能一清二楚：

猶太人不認耶穌

新教徒不認教宗

浸信會的人在酒吧裡六親不認

其中這最後一點建議非常中肯而實用，畢竟假道學的他們實在太愛喝酒了。去釣魚的話，千萬不要揪浸信會的人，否則你帶的啤酒會被他喝光。如果要揪的話也要揪一雙，也就是兩個人，他們吵得不可開交，你的啤酒就安全了。

另外一個判別信仰或教派的辦法，是看什麼樣的行為會吃主內的弟兄姊妹一頓排頭。彌撒不准「蹺課」的是天主教徒；不可以跳舞的是浸信會眾；把甜點叉子拿來吃沙拉會被念的是美國聖公會。[2]

玩笑開了這麼多，但認眞說，這些教派之間確實存在教義上的不同。比方說只有天主教徒相信「無玷始胎」，意思是跟一般人不同，瑪利亞生來並無原罪，畢竟爲了背負上帝來到世上，聖母之身自不能受到原罪的玷汙。

耶穌走在街上，突然祂注意到有一群人在對犯了通姦罪的人丟石頭，於是耶穌說：「你們中間誰是沒有罪的，就可以先用石頭丟她。」語畢突然一顆石頭在空中劃出美麗的弧線，砸在女子身上。耶穌第一時間轉身問了聲：「媽，妳怎麼跑來了？」

每個人心中都有一個最軟，嗯，是最好笑的教派笑話，但公認最爆笑的，還得算是**反宗教改革**的笑話，而下面這則更是經典中的經典：

有位先生的經濟狀況已經到了山窮水盡的懸崖邊，他於是向上帝禱告讓他中一次樂透，好讓他能因此得救。日子一天天過去，這個男人連一次樂透都沒中，最後在絕望中他向上帝呼救說：「您不是說『凡敲門的，就給他開門，凡尋求的，就讓他尋

2 保持了聖公會的神學認識和宗教傳統，以聖經、基督傳統、理性共同作為信仰根基。反對死刑，支持民權運動。

見。』嗎？我現在就快要完蛋了，您怎麼還不快讓我中獎！」語畢天上傳來了回音：「那你也不能躺著不動啊，親愛的，你不買彩券我怎麼讓你中！」

故事裡的男人很顯然代表著新教徒，而且是個跟領導宗教改革的馬丁．路德一樣，都覺得單靠神的恩典就可以得救的那種新教徒。事實上，這類人認爲救贖無法靠人的努力換得。只不過，故事裡的神雖然在喊「親愛的」時用上了猶太人的用語 bubbeleh（原本是稱呼奶奶時的親熱用法），但祂的態度其實是在爲天主教的反宗教改革立場服務。事實上，這則笑話很可能源自於西元一五四五年的特倫托會議 (Council of Trent)。當時天主教開這個會，目的就是針對宗教改革來商討對策，而主教們在席間下了一個結論，那就是救贖必須同時結合上帝的恩典與個人的努力，亦即你禱告歸禱告，彩券還是得自個兒去買好。

要說所有的教派都相信的只有一件事情，那就是自己的教義距離上帝最近。

有個男人來到天堂的大門，聖彼得首先問他說：「哪個派別？」

男人說：「我是衛理宗。」

聖彼得低頭查了查清單，然後告訴男人：「好的，你分到的是二十八號房，不過經過八號房的時候請盡可能不要發出聲音。」

接著第二個男人來到天堂的大門，聖彼得也一樣先問：「哪個派別？」

第二個男人回答：「浸信宗。」

聖彼得說：「你是十八號房，記得經過八號房的時候請盡可能不要發出聲音。」

然後輪到第三個人。

「派別？」

「耶穌會。」

「你到十一號房，經過八號房的時候盡量不要發出聲音。」

第三個男人說：「我可以理解不同的宗派要分不同的房間，但為什麼經過八號房要盡量小聲呢？」

聖彼得說：「喔，八號房待的是耶和華見證人會的人，他們一直以為上天堂的只有他們。」

據說十九世紀德國哲學家叔本華 (Arthur Schopenhauer) 在哲學中發現了「佛教」思想。就跟比他早兩千年的釋迦牟尼佛一樣，叔本華殊途同歸地覺得生即是苦，生即是掙扎與挫折，而想逃脫的唯一出路就是「斷念」，也就是讓自己清心寡慾加六根清淨——斬斷對塵世之眷戀。從正面看，兩人都覺得放下一切足以讓人對芸芸眾生變得慈悲為懷，進而得以超凡入聖。這也算是放棄俗世追求的一點回報吧。

某些猶太笑話會拿終極版的叔本華流悲觀主義者開玩笑，意第緒語裡管這些要死不活的抱怨專家叫「克維屈」(kvetcher)。

兩名女子坐在板凳上，一會兒後其中一人說了：「喔咿！」

第二名女子答道：「喔咿！」

第一名女子最後說：「好了，不說孩子的事了。」

不論是對叔本華還是對佛祖來說，生命都是挫折與空虛的不斷跳針與循環。慾求不滿讓人有挫折感，得償所願讓我們空虛幻滅。同樣地不論是對於「本華叔」或對佛祖，挫折感的大魔王都是解脫已經唾手可得前的近鄉情怯。

很久很久以前有一個王子莫名其妙地被一個壞巫婆下了一道詛咒。因著這道詛咒，王子每年可以開口說話只有一個字的額度。好消息是他可以「積假」，意即要是一整年都沒說話，那隔年他就可以說兩個字。

有一天他邂逅了一位美若天仙的公主，一見鍾情的他決定閉嘴一年，他的目標是來年可以看著公主說「寶．貝」。

但到了第二年的年底，他又想要對公主說「我．愛．妳」，於是他決定再多忍三年。就這樣他變成一共有長達五年的時間不能講話。漫長的五年終於來到終點，他內心知道自己非公主不娶，他得要向她求婚，於是他只好再多等四年。

愛妳在心口難開了九年之後，興高采烈的王子迫不及待地領著公主來到整個御花園中氣氛最浪漫的祕境，然後單膝跪地說出了自己準備多時的台詞：「寶貝，我愛妳，請嫁給我。」

公主愣了一下答道：「蛤？」

那些年，叔本華叔應該聽過不少聲「蛤？」

從西元第六跟第七世紀開始，中國跟日本發展出了一種如今又捲土重來的佛教分支，也就是我們所熟知的「**禪學**」。從西方思想的角度來看，禪是一種**反哲學的哲學**。對禪學大師而言，理性、邏輯、感覺與料這些西方哲學基石，都是會讓人分心而無法悟道的幻象。但話說回來，道究竟是怎麼個悟法？

我們可以思考一下下面這兩個問題：

一隻鴨子有什麼不同？

用一隻手鼓掌會發出什麼聲音？

這兩個問題都是哲學圈中所謂的「蛤」問題，也就是會讓被問的人傻眼貓咪，然後發出一聲「蛤？」的問題。這些問題會讓人讀取失敗，我們想不到這些問題能有什麼合理的答案。但雖然第一個問題是校園裡怪裡怪氣的童言童語，第二個問題卻是禪學裡的經典「公案」(koan)。

所謂的公案，本身是一個謎或一個故事，但由禪師口中說出，就有能讓某些徒弟醍醐灌頂，然後意識突然進入「頓悟」(satori) 這種領會狀態的效果。在這種領悟的意識狀態下，日常所有的分別心與價值判斷都會隨風而逝，剩下的只有對宇宙萬事萬物一種民胞物與跟融而為一的奧妙體驗。禪對於一隻手鼓掌之謎的答覆不是那種死板板講求科學證據的「空氣被移動的平面搧動而產生的細微氣流聲響」，不會的，禪宗的回答會是充滿著，嗯，禪意的：哇嗚，公案用匪夷所思的意象讓我們不知所措，瞬間如入五里霧中，但這是爲了將我們朝啓發的境界拋投。只要能超脫現實，只要不爲這些表現所惑，你就能砰一聲置身於「頓悟」之中。

公案界的萬人迷，是下面這一例：

求道前，山即是山，水即是水。
求道後，山既非山，水亦非水。
悟道後，山仍是山，水仍是水。[3]

我們西方人可以基本理解悟道不是獲取某種虛無飄渺、遙不可及的意識，我們所不能理解的，或者說「山究竟是不是山」一案之核心，在於已開竅的意識如何能在同一時間既日常又超脫。不是說**魚與熊掌不可兼得，蛋糕不能又握在手上又吃下肚**嗎？至少我們西方人大多是這麼想的啦。

這麼一想，那「鴨跟嗯嗯（咳嗽聲）有什麼不同？」的懸案究竟能不能被視爲是一種西方的公案，就變成一個問題了。畢竟這道問題是建構在非邏輯與荒謬之上，這問題弄擰了理性。但如果我們去看對這問題的回答，話說回答是所有公案的試金石，那這個問題就不能是一個西方公案，因爲聽到這問題的人會笑，甚至會顆顆地笑，但

3 此「三番山水」之禪宗典故出自《五燈會元》卷十七「吉州青原惟信禪師」條曰：「老僧三十年前未參禪時，見山是山，見水是水。及至後來，親見知識，有個入處，見山不是山，見水不是水。而今得個休息處，依前見山只是山，見水只是水。」

沒聽說過有人會因此悟道。

可嘆啊，這或許就是文化差異吧，西方人多數的腦袋就是轉不過來，我們就是不懂為何東方人能從「搞不懂某樣東西」一下子跳到「我頓悟了」，而也因為這樣的文化差異，我們搞出了下面這個很遜咖的山寨公案：

你有些冰淇淋，我會給你冰淇淋。
你沒有冰淇淋，我奪走你的冰淇淋。
這是冰淇淋的公案。

LEARN MORE

知名的公案一個個充實了禪宗之說的內容，代代相傳。比方說禪宗的第六代祖師，也就是西元七世紀的六祖慧能曾有一道「名問題」是：「出生之前，你原本的面貌長得什麼模樣？」美國職籃洛杉磯湖人的前總教練，外號「禪師」的菲爾·傑克森（Phil Jackson）也跑來湊熱鬧，他的「投稿」是：「在禁區遇到佛祖，記得餵球給祂。」

空氣腦哲學

空氣腦哲學（Airhead philosophy）初登板是在一九六〇年代，當時的背景正好是哈佛教授提摩西．李瑞（Timothy Leary）對外宣稱通往領悟的捷徑是迷幻蘑菇，也就是吸毒或「呷藥仔」。日後被正名為「新世紀哲學」（New Age philosophy）的空氣腦主義是取古代東方哲學，再混合了占星學、塔羅牌與猶太教卡巴拉分支等中世紀思想的雜牌軍。各種正念的說詞：「我跟自己的雙重性合而為一了」或「學會信任新世紀的思考過程後，我就沒有再帶槍出過門了」……都是新世紀哲學中的骨幹。這讓我們想到在一八〇〇年代初期，有位女士在聽完演講後跑到英國詩人柯立芝（Samuel Taylor Coleridge）面前說：「柯立芝先生，我接受了整個宇宙！」柯立芝從鏡框上方射出一道銳利的視線說：「喔買尬，女士，算妳識相！」

還是不懂嗎？放心，愛說笑的朋友又來替我們開釋這莫名其妙的新世紀思想了。

問：換顆燈泡需要多少個新世紀主義者？

答：一個都不用。他們會直接創立一個「與黑暗共處」的互助會。

要說新世紀主義者有什麼地方走在時代尖端，那大概就是他們相信外星生物不僅會來造訪地球，而且還會邀請地球人上他們的飛船來共進晚餐或談個小戀愛。話說要帶著這些新世紀主義者的腦袋去接受邏輯的教訓與洗禮，我們還是需要酸鹼值夠低的酸民。

一名火星人迫降在紐約布魯克林，然後一檢查才發現飛碟壞了一個很重要的部分——那就是重要到爆的「特魯沃」。火星人走進一家賣起司跟熟肉的熟食店，然後對櫃台後的店員問說哪裡買得到特魯沃。男性店員反問他說：「特魯沃長什麼樣子？」

火星人說：「就圓圓的，有那麼一點外硬內軟，中間還有個洞。」

熟食店的人說：「聽你這麼形容，好像有點像貝果耶。喏，你看這東西合不合你用？」

火星人說：「就是這個！你們這裡拿這東西幹什麼？」

熟食店員說：「這個嘛，說出來你可能會嚇一跳，但我們拿這東西當食物吃。」

火星人說：「別開玩笑了！特魯沃在這裡是拿來吃的？」

熟食店員說：「是啊，喏，這給你嚐看看。」

火星人覺得有點不可思議，但還是接下貝果咬了一口。「嘿，」火星人說，「還不錯吃耶，配上點起司抹醬應該會很棒。」

新世紀主義者的包包裡還有另外一樣常見的東西，那就是他們對於天眼通等特異功能的執著。相對於此，很多「舊時代主義者」，也就是理性的思考者，都堅持相信特異功能背後一定有我們還不知道的科學解釋。

「我過世的阿公早知道自己哪一年的哪一天的幾點幾分會死。」

「哇嗚，他是變種人嗎？也太厲害了吧！他是怎麼知道的呢？」

「喔，是法官跟他說的。」

是不是！

迪米崔：我有問題。如果宙斯不存在，波賽頓跟他還是兄弟嗎？

塔　索：我說迪米崔啊，你要不是個悟道成功的佛教徒，就是笨得像少了幾塊磚的羅馬露天劇場。

第六章

存在主義

「存在先於本質。」
認同這說法，
你就是個存在主義者；
要是不認同，你還是會存在，
只不過你也會一整個
活得渾渾噩噩。

METAPHYSICS
LOGIC
EPISTEMOLOGY
ETHICS
PHILOSOPHY OF RELIGION
EXISTENTIALISM
PHILOSOPHY OF LANGUAGE
SOCIAL AND POLITICAL PHILOSOPHY
RELATIVITY
META-PHILOSOPHY

迪米崔：我不得不承認，塔索，有時候我真的希望自己可以更像你一點。

塔　索：你可以啊！你十足是個自我生成的存在！你可以像造物主一樣決定自己要是什麼模樣。

迪米崔：那太好了！我一直都覺得自己有點矮，你的身高剛剛好！

想進入存在主義的世界，我們得先把時間拉到十九世紀，並把準星對準黑格爾的絕對主義。作為一種哲學觀點，黑格爾的絕對主義認為只有從外頭往裡瞧，才能看到人生的眞相。黑格爾絕對主義跟人類活在世上的疏離感之間，存在著一股張力，而這張力的所在地，就是優質笑話哏的大本營。這話是不是出自美國笑匠羅德尼．丹傑費爾德（Rodney Dangerfield）之口？好吧，他應該沒這麼說過，但他要是在某個平行宇宙裡有這麼說過的話，那下面的經典笑話應該就是在講他想講的東西。

有名男子正在跟他麻吉的老婆翻雲覆雨，突然門外傳來正牌老公開車回來的聲音，他一個鷂子翻身躲進了衣櫥裡，但他好朋友回到家裡，進了主臥，第一件事就是開衣櫥掛衣服，沒想到一開櫃子就看到自己的好麻吉赤條條地站在裡頭。一頭霧水的老公於是問他：「藍尼，你在這裡幹嘛？」

藍尼心虛地聳了聳肩，怯生生地說了：「我不在別的地方，那就在這裡了嘛？人總得在某個地方，你說是吧？」

黑格爾面對存在主義的問題，就會是這種答覆。人夫想知道的是地球上有七十億人口，爲何偏偏好朋友藍尼會存在於這樣的處境裡——光溜溜沒穿衣服，而且還躲在他家主臥的衣櫥裡！但他快要當不成朋友的朋友藍尼出於其自私的理由，選擇了實問虛答，也可以說是答非所問地回答起了另外一個問題：「爲什麼每個人都非得存在於某處，而不能不存在於任何一處呢？」這個問題聽起來很無稽，但對走在雲端的德國哲學家卻非常有意義，黑格爾就是其中之一。

黑格爾主張歷史是「絕對精神」(Absolute Spirit) 在時間長流中的開展。某個時代的精神（比方說一九五〇年代保守拘謹的從眾態度）會催生出自身的反面（一九六〇年代的嬉皮運動），而這一正一反的相互衝撞，就會創造出一種新的「合」（一九七〇年代誕生了所謂的「塑膠嬉皮」，即頂著披頭四髮型的華爾街銀行家）。

這種辯證法中的「正—反—合」會不斷走下去，因爲第一輪的合，會變成第二輪的正，以此類推，永無止境。

黑格爾自認他跳脫了歷史，像靈魂出竅看著自己身體一樣在俯視著一切，彷彿他占據了綜觀全局的制高點。這種視角，就是他所謂的「絕對」觀點。而從絕對觀點向下望，天大的事情也都還好而已。戰爭？辯證法的正常能量釋放罷了；瘟疫？辯證法出來舒展一下筋骨而已；沒什麼好焦慮擔心的，因爲擔心也沒有用，辯證法一出，誰與爭鋒？在辯證進程的面前，人類基本上無能爲力。我們能做的只是抓緊扶手，說服自己欣賞過程中的風景。讓我們再強調一次：黑格爾覺得自己在用「上帝視角」看歷史！

LEARN MORE

西洋音樂在一九九三年有首金曲叫做《*From a Distance*》（從遠方望去），我們聖靈充滿的貝蒂．蜜勒（Bette Midler）——就在歌聲中想像著從遠方的高處向下望，大地會是如何地一片祥和而上軌道。在那個遠方，黑格爾可能就站在一旁聽著蜜勒姐最後唱到上帝本人越過她的肩膀，同樣地對著壯觀的景色在細細欣賞。事隔這麼多年，沒想到貝蒂．蜜勒竟然是黑格爾的臥底來著？

雖然黑格爾這麼說，但他背後站著一位與他同時代的齊克果，而齊克果非常火。「誰管從絕對角度看下來是什麼情形？那樣的天下太平有什麼意義？」是齊克果提出的質疑。齊克果認爲那樣的角度不會是，也不可能是活生生的人會有的角度。就在齊克果這樣的發言中，存在主義誕生了。「我不是神，」齊克果說，「我是個人，而哪個人會在乎從天高皇帝遠的地方看下來是不是歌舞昇平？我人就在有限的生命亂局的正中央焦慮倉皇。我動不動就會絕望失落。所以萬一宇宙的巨輪正朝著我直奔而來，那我就得擔心閃不掉要被輾過去了！」

所以說，如果那個老公就是齊克果，而他對躲在衣櫃裡的你問說：「你在這裡幹什麼？」回他說「人總得在某個地方」會是下下策，我們的建議是：隨機應變。

二十世紀法國哲學家沙特延續齊克果所提個體害怕孤立的概念，外推出了與人類自由跟責任有關的各種解讀。沙特的講法正是：「存在先於本質」，而他這麼說的意思是人類生來並未背負著預先決定好的本質，他認爲人類不像衣架生來就是要掛衣服。他認爲人的命運並非命定，我們永遠有「重開機」自己身分的自由。

LEARN MORE

沙特凸著一對金魚眼，整體而言與英俊二字無緣，所以有件事情可能曾經讓他像貓咪一樣傻眼。話說身為存在主義者同志的卡繆曾擴大解釋沙特的人類自由概念說：「可嘆啊，過了某個年紀，每個人的長相都只能怪自己。」但就這麼剛好，撂下這狠話的卡繆本人可是長著一張大帥哥亨弗萊．鮑嘉的明星臉呢。只能說沙特躺著也中槍！

要是覺得自己是有特定身分或「用途」的物體，那我們就不好說自己存在了。而這裡說的存在，不是一般那種存不存在，正是「存在主義」一詞中所指的那種存在。而要把自己看成是個「東西」，也就是要「物化」自己，其中一種辦法就是將自己跟某種社會功能或角色畫上等號。沙特說對於社會功能／角色的認同是一種「誤信」(mauvaise foi)，這是一種所託非人，一種自欺欺人的概念。

沙特看著咖啡廳裡的女服務生（主要是爲了研究哲學，非純看妹）。他覺得正妹店員是在演出外場服務生這個「角色」。服務生學會該怎麼當個服務生，就是在模仿世界上其他服務生該有的一舉一動。服務生有服務生該有的走路方式，有服務生該端出來的態度，有在親密與距離感之間該拿捏好的分寸等等。這一切也不是罪大惡極，只要正妹當服務生是以在「演出」這個角色爲前提。但我們都認識有服務生是眞的以服務生「爲榮」，她／他們是眞的認同自己就是個服務生，服務生就是她／他們的本質——那這就錯得離譜了！

對於我們不經大腦就認同所屬社會群體的態度與價值，笑話當然會一擁而上來大做文章。這種訴諸極端狀況的作法，本身就是一種哲學會使出的一種招式：我們歡迎歸謬法出場，大家鼓掌！

LEARN MORE

歸謬法是一種邏輯論證，而其運作的方式是將其所欲推翻的前提推至荒謬的境地，然後宣稱與此相反的前提必然為真。最近有一個瘋傳的歸謬論證是這麼說的：如果我們把婚姻的概念延伸到同性的結合上，那將來我們有什麼立場阻止人類跟鴨嘴獸聯姻？

在下方這個歸謬笑話中，索爾讓「認同社群群體」等於「認賊作父」一說產生了新解。

阿貝跟他的朋友索爾出門遛遛，結果哥倆好來到了一間天主教教堂前，教堂外頭的標誌上寫著「改信現賺一千美元」。心想「不入虎穴，焉得虎子」的索爾決定到教堂內一探究竟，讓阿貝在外頭候著。幾個小時過後，索爾終於再度現身，走出了教堂大門。

「怎麼樣？」阿貝問說，「結果如何？」

「就我改信了啊，我是天主教徒了，」索爾答道。

「哇，你玩真的啊！」阿貝說，「那他們有給你一千塊嗎？」

索爾一聽簡直不可置信，「你們這些人，腦子裡除了錢就沒別的事了嗎？」

（很抱歉我們政治不正確，但我們就是實事求是的哲學家啊，不爽下次可以不用投我們，嗯，不對，是可以去法院告我們！）

另一方面，覺得人類的自由沒有侷限，覺得我們的可塑性有無窮無盡的可能性，這也同樣是一種「誤信」，一樣是在自欺欺人。

原野上站著兩頭牛。其中一頭對另外一頭說：「你對最近的狂牛症有什麼看法？」

「干我屁事？」第二頭牛說。「我是直升機也。」

對於存在主義的哲學家而言，眞正稱得上焦慮的東西——也就是他們咬牙切齒所講出來的「憂懼」(angst)——並不是需要或可以用醫學來加以治療的病理症狀。不，憂懼是人類對於自身存在光景的基本反應：我們的生命有限，我們無法完全自我實現，我們隨時受到「無意義」的威脅。這些狀況都會讓人覺得當一個存在主義者，還不如去當個空氣腦的新世紀哲學家。

存在主義者堅持要涇渭分明的有兩種焦慮。一種是他們認爲源自於人類生存狀態的「存在焦慮」，像對於死亡的恐懼就是其中一種；另外一種則是一般的神經性焦慮，像下方故事裡的諾曼就是苦於這種神經質一般的焦慮：

在看診的醫師面前，諾曼突然喘起大氣。「我的肝一定出問題了。我一定染上了肝病。」

「別開玩笑了，」醫生馬上加以指正。「肝病人體是感覺不到的。人不會因為肝病而感到任何『快爽快』。」

「就是啊！」諾曼說。「完全沒有症狀就是我的症狀。」

聽到諾曼的講法，二十一世紀德國存在主義者海德格會回應說：「諾曼啊，這種程度的擔心你也好意思叫做焦慮？這樣你等於是白活了好嗎？至於怎樣叫做活過？活過的意思就是你分分秒秒都在想著自己什麼時候會一命嗚呼！」海德格語不驚人死不休地說出人類的經驗就是一天天朝著死亡邁進。他認爲要貨眞價實地活著，我們就必須毫不避諱地面對自身終將殞命的事實，然後徹底挑起責任，設法在死亡的陰影下活出生命的意義。逃避人終有一死的事實來無視焦慮、推託責任，不是身而爲人應該做的事情。

一場車禍同時奪去了三名好友的性命，但天堂的新生訓練又讓他們重聚。他們被指派了一位天堂的輔導員，而輔導員問三人的一個問題是他們最想聽到親友在他們的棺木前說些什麼。

第一個人說：「我希望聽到他們說我是個好醫生，也是個顧家的好男人。」

第二個人說：「我希望聽到他們說作為老師，我改變了孩子們的一生。」

第三個人說：「我希望聽到有人說：『挖咧，他還在動耶！』。」

對海德格而言，活在死亡的陰影下不僅代表人的勇氣，這也是想「眞正活著」的唯一方法，畢竟天有不測風雲，人有旦夕禍福，誰想得到有三寶會倒車倒在交流道？

「你有想過不當人，跟我們一起當隻鴨嗎？」

LEARN MORE

這幅漫畫所描寫的是人類自由的侷限。漫畫中的先生或許有想過要成為耶和華見證人會的一員，但他有可能認真想著要當隻鴨嗎？這則漫畫裡還藏著另外一個存在主義的謎團，那就是：「這些鴨子以為牠們是哪根蔥啊？」

一名男子問算命師說天堂是什麼模樣。算命師用深邃的眼神望向了水晶球，然後告訴男子說：「嗯，我有好消息跟壞消息。好消息是天堂有好幾座高爾夫球場，而且景色之美都超犯規。」

「哇！太好了！那壞消息呢？」

「你明天早上八點半要開球。」

還是不肯面對現實嗎？再試試這個笑話：

畫家：我的畫銷路如何？

畫廊老闆：嗯，我有好消息跟壞消息。有個男人推門進來問我說你是不是那種作品會在人死後大幅增值的畫家，而我說你是，結果他就把你在我這兒展出的作品通通買下來了。

畫家：哇！好極了！那壞消息呢？

畫廊老闆：他是你的主治醫師。

但話又說回來，偶爾我們會聽到關於死亡的故事膽敢直視這個憂懼的大魔王而仰天長「笑」。喜劇演員吉爾妲・蓋德納 (Gilda Radner) 雖然被診斷為癌症末期，卻仍在爆滿的觀眾面前抖了下面這個包袱：

有名職業婦女去看了她的腫瘤科醫師，結果醫生說：「嗯，很抱歉，看來我們真的得面對現實了，嗯，妳大概只剩下八小時可以活，妳趕緊回家善用最後的時間吧。」於是女子回到了家，把噩耗讓另一半知道，然後便提議說：「老公，我們今天晚上瘋狂做愛吧！」老公答道：「我跟妳求歡，妳不是有時候說好，有時候說沒心情嗎？真不巧，今天輪到我沒心情了。」

「拜託，」做老婆的苦苦哀求。「這是我臨終的希望了，寶貝。」
「我就是不想嘛，」老公還是很堅持。
「算我求你了，寶貝。」老婆再接再厲地求歡。
「問題是，」老公說，「妳說得容易，妳明天不用早起耶。」

存在主義者強調人要面對死亡的焦慮，而這也催生出了一個全新的迷你產業，那就是「安寧運動」。以伊莉莎白・庫伯勒－羅斯博士 (Dr. Elisabeth Kübler-Ross) 的二十世紀生命倫理哲學作爲基底，安寧運動提倡人應該要坦誠地接受死亡。

餐廳裡的客人：你們把雞下鍋前，有對牠們做什麼準備功夫嗎？
廚師：喔，沒有耶，我們都是很直白跟牠們說：你們要死了。

塔　索：你在笑個什麼勁兒啊？我在這兒談的可是對死亡的憂懼耶。這一點也不好笑啊。

迪米崔：但死又不是最可怕的事情。

塔　索：不是嗎？有什麼事情比死還可怕？

迪米崔：你試過一整晚跟畢達哥拉斯泡在一起嗎？就是寫畢氏定理那傢伙。

第七章

語言哲學

美國前總統柯林頓曾對幕僚說自己跟實習生陸文斯基之間「(現在) 不存在不正當的關係」。當陪審團質疑他這麼說是在說白賊時，柯林頓的詭辯是：「這要看你如何定義英文時態裡的『現在』是什麼意思。」愛耍嘴皮子的他這是在操作語言哲學，就像他可能操作過其他東西一樣。

METAPHYSICS
LOGIC
EPISTEMOLOGY
ETHICS
PHILOSOPHY OF RELIGION
EXISTENTIALISM
PHILOSOPHY OF LANGUAGE
SOCIAL AND POLITICAL PHILOSOPHY
RELATIVITY
META-PHILOSOPHY

迪米崔：我終於慢慢開始看透你了，塔索。這整套你說是哲學的東西，不過就是在玩文字遊戲！

塔　索：沒錯！你總算有點長進了。

迪米崔：所以你承認了喔！所謂的哲學，不過就是咬文嚼字的語意學罷了。

塔　索：不過是語意學罷了？不然你覺得哲學應該怎麼搞？嗯嗯啊啊地呻吟或嗤嗤傻笑嗎？

日常語言哲學

二十世紀中期，維根斯坦跟他在牛津大學的追隨者宣稱各種古典的哲學問題，比說自由意志、上帝的存在與否等等之所以會令人疑惑，只是因爲其措辭用上了混亂而費解的語言。而他們身爲哲學家的任務就是要把語言的繩結解開，把問題的架構加以調整，然後達成僅次於解開謎團的第二志願，那就是讓問題消失不見。

比方說，十七世紀的前輩笛卡兒曾公開說人的構成可以分成心靈與身體二部分，其中心靈就像是機器中的鬼魂。此話一出，哲學家就困惑了好幾世紀，大家都搞不懂這個鬼，嗯，是什麼鬼？或者說心靈屬於哪一類東西？維根斯坦在牛津有位弟子叫吉爾伯特．萊爾（Gilbert Ryle），他的看法可以整理如下：「問題問錯了！心靈不是任何一類東西，因為心靈根本不是個東西。想想我們提到所謂『心靈事件』時的措辭方式，我們會發現文字只是用來形容行為的一套簡寫系統。今天就算我們把用來代換行為來源的字詞丟開，實際上也不會有任何的東西因此消失不見。」小吉，那我就幫你把這些字丟掉囉！

下面這對年輕夫妻明顯沒把問題問對：

一對年輕夫妻搬進了一間新公寓，首先他們決定要重貼壁紙。為此他們拜訪了餐廳大小跟他們家一樣的鄰居，主要是要請教對方：「你們裝潢的時候買了多少卷壁紙給餐廳用？」

「七卷，」鄰居說。

於是這對夫妻就買了七卷高貴的壁紙，然後開始貼了起來。然而才貼完第四卷，廚房牆壁就已經貼滿了。有點惱怒的兩人跑去質問鄰居說：「你不是說七卷才夠，結果我們現在一剩就剩了三卷！」

「對啊，」他說，「我那時候也是剩三卷。」

挖咧！

詩人葛楚・史坦（Gertrude Stein）臨死前躺在床上，她的同性戀伴侶艾莉絲・B・托克拉斯（Alice B. Toklas）低頭對她講了意味深長的一句話：「所以妳的答覆是什麼？」沒想到史坦竟然回答她：「嗯，妳的問題是？」

維根斯坦把西方哲學所有的弊病或謬誤，通通算到了語言的帳上。他認爲一切的錯誤都是因爲我們「被語言給迷惑」，而他這麼說的意思是語言會誤導我們，我們會因此將事物加以胡亂分類，或是會被哲學問題的句式或文法蒙蔽。比方說海德格在他的代表作《存在與時間》(*Being and Time*) 裡討論到「虛無」(nothing) 的時候，就一副好像這個詞代表某種玄妙的東西似的。下方是語言造成類似混淆的一個案例：

「佛萊迪，我希望你可以活到一百歲零三個月。」

「謝謝你，亞歷克斯，但為什麼一百歲還要零三個月呢？」

「因為我不希望你實歲滿百就當場暴斃。」

你是不是覺得亞歷克斯的語言邏輯有問題，那我們再來看看下面故事裡的加爾伍。

加爾伍去看精神科醫師，而且在診所裡抱怨他交不到女朋友。

「難怪女生不喜歡你！」醫生說。「你身上很臭耶。」

「你說的沒錯，」加爾伍說，「但那是因為我的工作。我的職場是馬戲團，每天都得跟在大象屁股後面清牠們的便便，所以不論我之後洗再多次澡，臭味都會跟著我跑。」

「那你就辭職啊，換工作啊！」醫生說。

「你瘋了嗎？」加爾伍吐槽他說，「你是要我退出演藝圈嗎？」

加爾伍弄擰了「演藝圈」的定義，他以爲演藝圈的工作包括當大象的跟屁蟲，替動物擦屁股。他在情感上覺得這樣就能跟「演藝圈」產生某種連結，但其實能在聚光燈下露臉才是演藝圈的眞諦。

按照日常語言哲學家的看法，語言就像瑞士刀一樣有不同的本領，因此在不同的情境中有不同的使用說明。牛津大學哲學家約翰．奧斯汀 (John Austin) 曾點出在語言的使用上，「我來畫」跟「我保證」有著兩種完全不同的意義。「我來畫」不等於畫作已經完成，但「我保證」就等於保證已經完成。把在某個情境框架下合用的語言句式搬到另外一個情境框架下去使用，就會導致哲學上的混淆，許多「僞謎團」也由此而生。至於一連串的混淆與僞謎團組合起來，就成了我們已知的哲學史。

日常語言哲學的哲學家們認爲數百年來的哲學亂象，包括對於神存不存在的爭論，都出自於我們把這個問題說得煞有介事。很多人說宗教用語是一種完全不一樣的語言。比方說有人認爲宗教用語是一種用於價值判斷的語言，也就是跟知名影評羅傑・伊伯特 (Roger Ebert) 跟李察・洛普 (Richard Roeper) 用的是同一種語言。所以說當有人說：「我信上帝」，他的意思其實是：「我相信特定的一套價值是棒得不得了的一套價值。」也有人說宗教用語是一種用來表達情緒或情感的語言，所以當有人說：「我信上帝」，他的意思其實是：「每當我仰望天空，思慮起宇宙萬物，我就會雞皮疙瘩起個不停！」不論是價值判斷還是情感表達，只要選好邊，宗教語言就不會光因爲一句「我信上帝」把大家搞得團團轉。噗呼！問題解決，大家白吵了兩千五百年的宗教哲學！

在下方的故事裡，金手指跟法洛示範了什麼叫做語言不通會導致誤會，什麼叫做雞同鴨講的最高境界。

金手指 (Goldfinger) 參加了郵輪的旅行行程，在大海上享受人生。第一天晚上，他的晚餐座位被安排在法洛先生的旁邊。法洛先生是個法國人，所以當舉杯邀大家共飲一杯時，他開口所說的是：「Bon appetit！」

但不諳法文的金手指以為他在自報姓名，於是自己就舉杯說了：「Goldfinger！」

就這樣在船上夜夜笙歌，一頓又一頓的大餐過後，終於有船上的領班在行程尾聲看不下去了。這位熱心的服務人員跑去跟金手指解釋說 Bon appetit 是法文，意思是祝您胃口大開。

知道了真相的金手指覺得有點無地自容，就盼著能趕緊在下一次用餐時扳回顏面。

於是乎到了吃飯的時候，金手指便搶在法洛先生之前舉杯，並且有樣學樣地用法文說道：「Bon appetit！」

然後就聽到法洛先生應了一聲：「Goldfinger！」

凡是角色們各懷鬼胎，或至少各有其盤算的故事，正可以讓我們在笑聲中了解什麼叫做不同的語言架構會導致溝通的困難。

湯米去告解的時候跟神父說：「請照看我，神父，我是罪人。我跟一個不守婦道的女人睡了。」

「是你嗎？湯米？」神父開了口。

「欸，是我，神父。」
「你是跟哪個女人睡了？」
「我可以不要說嗎？神父。」
「是布莉姬嗎？」
「不是。」
「是柯琳嗎？」
「不是。」
「是梅根嗎？」
「也不是。」
「嗯，湯米，那最後請你唸四遍我們的天父跟四遍萬福瑪利亞。」
等到湯米走出聖堂，在外頭等著的朋友派特問他告解得如何。
「好極了，」湯姆說。「我得到了四遍我們的天父跟四遍萬福瑪利亞的賜福，外加神父提供情報說有三個妹可以撩！」

在下方同樣關於告解的故事裡，神父陷進了自己對於雙方交流架構的理解當中，另一種可能性則遭到了他的無視。

有個人進了告解室，他對神父說：「神父，我已經七十五歲了，但昨天晚上我同時跟兩個女孩做愛，也就是俗稱的三P，而且是一王二后。」

神父說：「你前一次告解是什麼時候？」

男人說：「這是我第一次來天主堂告解，神父，我是猶太人來著。」

神父說：「那你為什麼要把這件事告訴我呢？」

男人說：「嗯，這件事我跟每個人都說啊。」

不少笑話的笑點都來自於雙關，也就是在不同語境下有截然不同意義的同一句話。

事實上令人發噱的，就是同一句話有兩種解讀的摩擦。

酒吧裡有一名鋼琴表演者，他有一隻小猴子會幫他在每首曲子演奏完畢之後繞場討小費。

有天正當演奏家在彈奏著鋼琴的時候，小猴子跳到了吧檯上，然後走向一名酒客，把兩腳跨在了酒客的杯子上方，然後大刺刺地把自己的蛋蛋浸入了客人的飲料裡。氣炸了的酒客跑去找鋼琴家算帳說：「你知道你的猴子把蛋蛋泡到林北的馬丁尼裡了嗎？」

鋼琴家回答說：「歹勢我不知道耶，這首曲子的名字好長又好怪喔，不過哼幾個小節看看，我應該能想起來怎麼彈。」

不少謎語會把我們拐進以爲自己身處於某個語境的認知當中，但其實我們從頭到尾都在另外一個差很多的語言架構裡。

「下面哪一樣東西跟其他物品格格不入：皰疹、淋病、克里夫蘭的獨立產權公寓？」

「這還用問嗎，當然是獨立產權公寓啊。」

「錯，答案是淋病，淋病是這三樣裡，唯一不會一輩子纏著你的東西。」

一路以來在批評者的眼裡，日常語言哲學不過是在玩文字遊戲，或者只是在耍嘴皮子而已。但維根斯坦堅稱語言框架的混淆確實會通往致命的錯誤與後果。

畢林斯利去醫院探病，他要造訪的是他奄奄一息的朋友哈特菲爾德。站在床邊的小畢看著小哈的狀況愈來愈差，而小哈卻瘋狂地作勢要寫點啥，於是小畢便找來了紙筆給小哈。小哈用盡最後一絲力量寫下了字句，然後隨即嚥下了最後一口氣。小畢把便條塞進口袋裡，因為過於哀戚的他當下沒有閱讀的心情。

數日後在跟小哈的家族一起聊著天，並瞻仰遺容時，小畢想起了外套口袋裡還放著那張最後的便條。他於是向小哈的遺族宣布說：「哈特在臨終前把一張遺言交給了我，我還沒有讀過，但知己莫若友，我知道小哈一定有很值得一聽的話要告訴大家。」

這麼說完他取出了便條，大聲地唸了出來，上頭寫的是：你踩到我的氧氣管了！

世界上民族這麼多，但像語言哲學這麼強調用詞精準的哲學性運動，竟然出自於英國人之手，也算是夠諷刺了。隨著不少笑話的流傳，大家都知道英國人常被語言耍得團團轉。

在英國國教會的某個教區，身為教區長的首席神父這天有位訪客，訪客的身分是他教區的一名教友。

教友對他說：「神父，我最近聽到一個還不錯笑的五句打油詩，你要不要聽，但我得先招認這笑話有點低俗還帶點顏色。」

「好啊，沒關係啦，」神父話說得大氣。「偶爾來一點調劑一下，我想無傷大雅。」

「那敢情好，您老且聽我道來，這詩是這麼說的：

小哥名喚史基納
帶妹出去吃點啥
兩人坐定食物香
八點三刻開始忙
九點三刻進了她」

「什麼東西進了她啊？」，老實的神父顯然沒聽很懂。「你是說晚餐進了她肚子裡嗎？」

「不是啦，吼，是史基納啦。是史基納的那個進了她的那個。」

「喔喔喔，是喔，顆顆！很好笑說。」

事隔數星期，又有人來拜訪神父，不過這次來的不是素人，而是神父的頂頭上司，教區主教。想要露一手的神父於是對主教說：「主教，我教區有一個教友跟我說了一個打油詩，很有趣，你要不要聽聽，不過就是有點限制級，你可以嗎？」

「我洗耳恭聽，」主教說。

「好咧，這打油詩是這麼說的，」神父顯得躍躍欲試：

小哥名喚塔普爾

帶妹出去把茶喝
兩人坐定茶飄香
兩點三刻開始忙
三點三刻她被上

「她被上？」主教一頭霧水地問。「她被什麼上了，你是說她的餐點上了嗎？」

「吼，不是啦，主教，上了她的是一個塔普爾跟妹子都不認識的陌生人，叫做史基納。」

日常語言哲學由這麼耿直的英國人發明出來，我們還用得這麼高興，沒問題吧？

LEARN MORE

下頁漫畫裡所描寫的是一場激烈的唇槍舌戰，戰線其中一邊是維根斯坦，另外一邊則是以一哭二鬧三上吊聞名於世，而且人數約占地球人口一半的傳統派哲學家。請注意，傳統派的想法是「我愛你」跟「愛你喲」的意思一模一樣。

LEARN MORE

維根斯坦認為女性的的這種想法有待商榷，甚至於是必須加以糾正。他主張一個字眼的意義決定於其使用的規則。而由於「我愛你」跟「愛你喲」在日常語言中的「使用說明書」非常不同，所以兩者的意思自然不同，至於在社會關係上的象徵意義就更不能混為一談了。

專有名詞在語言學上的地位

近五十年以來，哲學有變得愈來愈「專業」的傾向，大家討論的愈來愈不是自由意志或神存在與否這種大是大非，而是更聚焦於邏輯與語言的抽絲剝繭上。我們也不想指名道姓，但有些這類哲學「同業」似乎是有點走火入魔了，比方說近年來的哲學家就熱中起鑽研專有名詞背後究竟存在什麼意義。羅素的看法是名字這東西，其實就是「短版」的描述，比方說當我們覺得說「皮膚很白、鼻子做得很假的黑人流行音樂天王」很囉唆的時候，我們就會叫他「麥可．傑克森」。

不過對於以「索爾．克里普克」(Saul Kripke) 之名在江湖上走動的這位當代哲學家

「我從來沒有說過『我愛你』啊，我說的是『愛你喲』，
差很多好不好。」

而言，個體的姓名則完全不帶有描述的功能。他認爲名字只不過是「固定的指涉詞」(rigid designator)，只是被硬生生指派給人的稱號（就像是商品上的標籤一樣）；名字與主人之間唯一的連結，不論這位主人有沒有生命，都只不過是語言上一種歷史的傳承而已。

進入演藝圈之時，麥倫·費爾德斯坦 (Myron Feldstein) 給自己取了個藝名叫做法蘭克·威廉森 (Frank Williamson)。為了慶祝在百老匯拿到一個領銜主演的角色，他在位於高級公寓頂樓的自宅辦了一場私人派對，也邀請了自己的老媽，但做母親的始終未到，最後也放了他鳥。

隔天早上他發現媽媽在迎賓大廳裡端坐著，於是就趕緊地跑去問她是怎麼回事，昨晚放人鴿子，現在人卻在樓下坐著。

「我就找不到你住的是哪一間啊，」媽媽說。

「嗯，那妳怎麼不問一下，門房有管理員在啊？」

「我哪沒想到要問啊。但我就忘記你的藝名了嘛。」

法蘭克，或者是她母親心目中的麥倫，打斷了「麥倫」這個名字的歷史傳承。

隨堂測驗

請閱讀以下的故事內容，然後判斷羅素還是克里普克的姓名學貫穿整個笑話？

有個年輕人遭遇船難，在荒島上落了單。

某日他見著有個人朝島上游了過來，而且這泳者可不是普通人，荷莉．貝瑞(Halle Berry)知道吧，好萊塢性感女星。荷莉登島短短幾小時的光景，就跟年輕人成了親密愛人。兩人瘋狂做愛了幾週後，年輕人對荷莉．貝瑞提出了要求：「妳可不可以答應我一個特殊的請求？」

「你儘管開口，」美麗的荷莉一口答應。

「那敢情好，妳可以把頭髮剪短到不能再短，然後讓我叫妳泰德嗎？」

「嗯，這樣感覺有點變態耶，」荷莉此時遲疑了一下。

「拜託，拜託，就配合我一下啦，好不好？」男人說。

「好啦，好啦，真拿你沒辦法耶，」荷莉勉為其難答應了下來。

那天晚上，就在小倆口十指緊扣在海邊漫步時，年輕人轉頭對荷莉說了句：「泰德，你想不想知道我現在晚上跟誰睡，一定嚇死你！」

哲學中的模糊理論

有一個當代的語言學概念相當專業，但卻很委屈地在名片上印了一個很容易被狗眼看人低的名字叫做「含糊性」(Vagueness)。會把「含糊性」當成術語使用的，是一群被稱為「模糊邏輯學者」(fuzzy logician) 的哲學家（雖然英文聽起來很像在說腦袋一團糨糊的邏輯學者，但我對天發誓這群人是真的存在，不是我們編的）。模糊邏輯學者會需要「含糊性」一詞，是因為相對於裡裡外外、徹徹底底的絕對正確或絕對錯誤，哲學家需要一種說法來形容「真值」(truth value) 或「邏輯值」(logic value) 落在十分之一的事物特質。比方說「那個男人禿頭」可以用在籃球天王麥可．喬登或美國電視主播麥特．勞爾 (Matt Lauer) 身上，但其中麥特可能會想要上訴一下，他會說禿頭一詞太籠統、太模糊了，人家明明就還有不少毛長在後腦勺上。

有些哲學家認定含糊性是自然語言（比方說瑞典語或斯瓦希里語）的通病，這一派人主張我們應該建立可以與數學相提並論的人造語言，藉此來剷除模糊這種弊病。

在下方的故事裡，博物館警衛的發言綜合了含混的自然語言與精確的數學語言，最後得到了一個不令人意外的結果：

自然歷史博物館裡，一群遊客正讚嘆著恐龍的化石，其中一名遊客問警衛先生說：「您知道這些骨頭化石有多老嗎？」
警衛回答說：「這些化石距今三百萬零四年又六個月。」
「哇，你記得好清楚喔，」遊客佩服地說。「你怎麼會知道得這麼精確呢？」
警衛說：「嗯，我剛到職的時候，恐龍骨頭化石是三百萬歲嘛，啊我目前的年資是四年半。」

美國哲學家威廉．詹姆斯 (William James) 形容人的思考方式就像一道光譜，其中一個極端是軟調的心思，另一個極端則是硬派的心靈。「心軟」的鴿派哲學家認爲相對於數學型的語言，含糊的自然語言相對具有優勢，主要是前者的模糊性，給了說話者迴旋的彈性與空間。

在養老院裡，一名八旬老嫗衝進了男性專用的康樂室中。她緊握著拳頭，邊在空中揮舞著邊說：「誰猜得到我手裡握著什麼，我今天晚上就歸誰！」
房間後頭有老先生喊了一聲：「是大象嗎？」
老太太想了一下說：「好吧，勉強算你答對！」

換成是強硬的鷹派哲學家，他們應該也不會爲難這位老太太，但這並不妨礙他們舉出案例來證明精確的重要性，因爲他們認爲自然語言的模糊性會招致災難。比方說若使用精確的人造語言，下面故事裡的悲劇就有可能避免：

警方接到一通報案電話，電話另一頭以驚恐的語氣說：「我剛在林子裡發現一個渾身是血的人倒在地上！是名男性，我覺得他應該是死了！我現在該怎辦才好？」接到報案的調度員倒是處變不驚，不急不徐地回答說：「沒事的，先生，你按照我所說的去做就行。首先把電話放下，然後確認他是不是真死了。」接下來電話那一頭一陣安靜，然後突然一聲槍響。男人再次拾起了電話說：「嗯，他確定死了，你可以說下一步了。」

LEARN MORE

模糊才是王道！

真實故事，沒有改編：

居伊．戈馬（Guy Goma）是個黑人，有天他人坐在英國廣播公司BBC的接待室裡，等著要面試資料管理人員的職務，沒想到突然之間，一名電視

LEARN MORE

製作人走進了房間問說：「你是居伊．裘尼（Guy Kewney）嗎？」出身剛果，在英國算是初來乍到的戈馬先生英文還沒學好，所以就稀哩呼嚕地應了聲：「是」。

製作人於是以迅雷不及掩耳之勢將居伊．戈馬推進了攝影棚，加入了BBC 新聞節目的現場實況播出。主播在等著要訪問的居伊．裘尼，是一名科技產業專家，節目此時要探討的是蘋果電腦（賣 iPhone 給你那間）與蘋果唱片（老闆是披頭四的成員）間的商標爭訟。「今天的宣判有讓你嚇一跳嗎？」主播馬上丟出了第一個問題。

雖然徹徹底底被嚇了一大跳，但戈馬先生還是決定要全力以赴。「我非常驚訝今天會有這樣的判決，因為我原本的預期不是這樣，」他擠出了這樣的回答。

「所以這完全出乎您意料之外就是了，」主持人確認了一下。

「沒錯，」戈馬先生說。

主持人追問這判決會不會讓更多人得以下載音樂，而戈馬先生說這不可否認會是一種未來的可能性。

不覺有異的男主播點頭如搗蒜地表示同意：「今天真的很謝謝你！」

迪米崔：我們一路談下來的東西，這下子就清楚多了。

塔　索：怎麼個清楚法？

迪米崔：你說的「哲學」，就是我說的「笑魁」。

第八章

社會與政治哲學

社會與政治哲學所檢視的主題，是社會中的公平正義。我們要政府做什麼？資源該如何分配？如何建立一個符合公義的社會體系？曾經，這些問題並不是問題，因為總會有大個子拿著獸骨往小傢伙的頭頂敲下去。只不過經過以世紀為單位的社會政治哲學演進，人類社會已經懂得化解紛爭不該用骨頭，飛彈的效果好多了。

METAPHYSICS
LOGIC
EPISTEMOLOGY
ETHICS
PHILOSOPHY OF RELIGION
EXISTENTIALISM
PHILOSOPHY OF LANGUAGE
SOCIAL AND POLITICAL PHILOSOPHY
RELATIVITY
META-PHILOSOPHY

迪米崔：塔索，我們可以聊哲學聊到臉色發青，口吐白沫，但推到極致，我想要的也不過就是個安穩小日子，有自己的房子、自己的羊隻，還有一天三餐能吃飽。

（像是被推這個字 cue 到一樣，塔索推了迪米崔一把。）

迪米崔：你這是在幹什麼？

塔　索：我想推你就推你啊，不然你能奈我何，誰能攔得住我？

迪米崔：你以為沒王法了喔？國家的護法者就可以阻止你啊！

塔　索：但他們怎麼知道該不該抓人，以及該怎麼抓人呢？

迪米崔：我的宙斯啊，你該不會又要討論哲學了吧？

自然的狀態

十七與十八世紀的政治哲學家，包括英國的霍布斯 (Thomas Hobbes)、洛克 (John Locke) 與法國的盧梭 (Jean-Jacques Rousseau)，都認爲人類意欲組成政府的衝動可追溯到我們對於在自然狀態中打滾求生存的不安全感。這些哲學家所說的打滾，並不光是得面對吃人的野獸，他們眞正想探討的是同類之間的「無法無天」。用現在生活來比喻，無法無天的無政府狀態會造成車子開在路上與逆向者對撞，會造成鄰居不顧聲響大小地在週末早上裝潢，會造成你老婆不顧你的感受去隔壁找老王等諸如此類的問題。這些不方便，給了我們動機去組成主權國家。個人的自由遭到限縮，在此時變得可以接受，因爲我們可以以此爲祭品，召喚出國家體制帶來的好處。

一隻被逮的野兔被送到了國家衛生研究所的實驗室中。來到實驗室，這隻野兔結交了一個從小生長在實驗室裡的家兔朋友。

有天晚上，野兔注意到籠子沒有關好，於是牠決定奔向自由。在出發前，牠邀請了家兔朋友跟牠一起走。家兔下不了決心，畢竟牠這輩子都沒有離開過實驗室半步。不過最後牠還是成功被說服，加入了野兔的行動。

兩隻兔子自由之後，野兔便開口說：「我帶物去見識一下第三好的草原」，然後就領著家兔來到了一片萵苣田邊。

一起吃了個心滿意足之後，野兔說：「我帶物去見識一下第二好的草原」，然後就帶著家兔來到了一片胡蘿蔔田邊。

又用兩顆門牙大快朵頤之後，野兔說：「我帶物去見識一下第一好的草原」，然後就領著家兔來到了一處住滿母兔的兔子養殖場。這對兩隻公兔來說，自然是天堂，牠們跟成群的母兔做了一整晚。

隨著天色慢慢變亮，家兔說牠得回實驗室了。

「為什麼？」野兔驚訝地說，「我帶牠見識了萵苣田、胡蘿蔔田，還有美女如雲的母兔農場。牠怎麼還會想要回到實驗室呢？」

家兔回答說：「沒辦法，再不來根菸我會死掉！」

想抽菸，就得回實驗室，大自然沒有組織，自然也不會有香菸這種東西。

在形容無政府狀態會是何種生活的時候，霍布斯曾做出「人的自然狀態寂寥、悲憐、悽慘、殘酷，而且還撐不太久。」這很出名的評論。據我們所知，霍布斯並不是個很有幽默感的人，但能懂得在一連串形容詞最後埋一個伏筆，總還算是不會無趣。這跟貴婦抱怨度假飯店裡的食物「不熱、不熟、不好吃，而且分量還不太足」，有異曲同工之妙。

不過人類的自然狀態裡有一個面向倒是沒有被霍布斯給預測到，那就是耍浪漫，特別是在不分男女，我們當中許多人都想要找回內心野性的二十一世紀。

楚蒂跟喬瑟芬報名澳洲內陸的壯遊團。行程中的一個深夜裡，一個裹著兜襠布的原住民闖進了她們的帳篷，一把把楚蒂從床上抓了下來。原住民將楚蒂拖進了叢林裡，然後對她「為所欲為」了一整夜。楚蒂到了隔天早上才被發現在棕櫚樹下不省人事。她被緊急送到首都雪梨的醫院急救，然後隔天喬瑟芬來探了病，而她發現歷劫歸來的楚蒂顯得悶悶不樂。

喬瑟芬：妳一定還很難過吧。

楚蒂：當然啊，怎麼可能不難過。都二十四小時過去了，連一張卡片、一束花都沒見著——電話也沒打來一通！

力量就是正義

十六世紀的馬基維利 (Niccolò Machiavelli) 是《君王論》(*The Prince*) 的作者。他被認爲是現代治國術之父，因爲他建議文藝復興時代的統治者要無視既有的道德標準，「按需求進入魔道」。他認爲國家是至高的權威，所以他給君主們的建言是……嗯……我們現在稱爲馬基維利流的意見。他直言不諱地表示按照他的標準，任何行爲只要能延續在位者的政治權力，就算得上是美德。馬基維利認爲身爲君王，令人愛戴不如使人生懼，但他也表示治國者要避免遭人怨恨，畢竟那也會危及其權位。綜上而言最佳的狀態，就是一方面拚死把權力加強，一方面投射出剛正不阿的形象，也就是像下方故事所描述的模樣：

一名女子控告一個男人毀謗，她說男人說她是豬，所以她要提出損害名譽的告訴，結果判決出來是男子敗訴且得賠償女子。男子問法官說：「這代表我以後不能再管哈定女士叫母豬了嗎？」

法官說：「沒錯，就是這樣。」

「那對著豬叫哈定女士呢？」男子接著問。

「這倒是沒有違反判決，」法官說，「對著豬喊哈定女士是你的自由，這麼做並不犯法。」

既然法官都這麼說了，男子便立馬轉頭看著自己的死對頭說：「午安啊，哈定女士。」

只要確認自己不犯法，不會被抓，大家其實都很嚮往馬基維利式的自我膨脹，而這也催生出了不少笑話。

一名男子在拉斯維加斯賭贏了一百萬美元，但他不希望被人知道這件事情，於是他回到家，把錢埋在後院的土裡。沒想到隔天他推開門出來一看，後院的藏寶處只剩下一個空無一物的洞在地上。

他沿著現場留下的腳印，追到了隔壁鄰居的門口，但那位鄰居既聾又啞，於是他跑到街尾找了懂手語的教授幫忙，然後一起去找那位鄰居興師問罪。男子帶了槍在身上，然後偕教授一起敲了鄰居的門。

鄰居來應門時，男子在他眼前揮動著手槍示威，然後轉頭對教授說：「你跟他說他要是不把十萬美元還我，我就一槍斃了他！」

教授替他傳達了意思，而鄰居則比手畫腳地表示自己把錢藏在了自家後院的櫻桃樹下。

教授看完了鄰居的手語，轉頭對男子說的是：「他說他寧死也不告訴你錢在哪裡，他說你有種就一槍斃了他。」

有件事說出來，我想大家應該不會意外，那就是馬基維利支持死刑，畢竟死刑的存在符合統治者的利益，死刑讓統治者的形象顯得嚴峻，寬仁對統治而言相對不利。換句話說，他同意人性本惡，也認同有句話是這麼說的——有了死刑，統治者就永遠不需要說：**怎麼又是你**？

但不論表面上我們裝得多麼公正不阿，又或者在內心如何地催眠自己真的「我心如秤」，馬基維利都不信這一套，他相信每個人的內心都住著一位馬基維利主義者。

派克太太被選上要擔任陪審團的成員，但她要求迴避，理由是她不認同死刑。對此公設辯護律師解釋說：「女士您別擔心，這次要開庭的不是謀殺案，而是民事訴訟。原告是一位女性，她告前夫賭輸了他答應要整修浴室來當作她生日禮物的預算，一共是兩萬五。」

「好吧，那我就恭敬不如從命了，」派克女士說，「也許該判死刑的時候也是得判下去。」

LEARN MORE

但是慢著，會不會搞了半天，真正犯蠢的是我們呢？現在有些歷史學者的看法是馬基維利其實耍了我們所有人，他其實是打著紅旗反紅旗，亦即左手主張馬基維利主義，右手卻是完全相反的另外一套東西。他戴著邪惡的面具，但內心信仰的卻是源遠流長的美德。話說到底，馬基維利真的

LEARN MORE

是在嘲諷獨裁專制嗎？在一篇名為《君王論：政治學或政治諷刺？》(*The Prince: Political Science or Political Satire?*) 的論述當中，歷史學家兼普立茲獎得主蓋瑞特・馬丁利 (Garrett Mattingly) 認為馬基維利其實很冤：「如果把《君王論》這本小書想成是針對政府體制一部嚴肅的學術論述，那我們就會發現馬基維利的人生、書寫與他所屬時代的歷史有太多矛盾而無法解釋之處。

換句話說，馬丁利認為馬基維利只是隻披著狼皮的羊。

女性主義

先來看一個曾經數十年來無解的謎題：

有個做父親的目擊兒子出了嚴重的腳踏車車禍。他抱起受傷的兒子，放進汽車的後座，然後飆車到醫院的急診室求醫。就在傷者被推進手術室的瞬間，外科醫生驚聲說出：「天啊，兒子你怎麼了？怎麼會是你！」

一個人怎麼會有兩個爸爸，這是怎麼回事？

傻瓜，一個人當然不會有兩個爸爸！那個醫生是傷者的媽媽啦！

到了今天，就算是美國白人裡的大沙豬，右翼廣播節目主持人拉希・林博（Rush Limbaugh），也不會被這個謎題唬住。畢竟美國的女醫生人數已經急起直追到跟男醫生不相上下的程度，而這項進步絕對得歸功於二十世紀末的女性主義哲學論述。

LEARN MORE

英國廣播公司曾經辦過民調，他們要聽眾選出世界上最偉大的哲學家是誰，結果卡爾・馬克思拿下了冠軍，而前二十名裡完全沒有女性。女性學者的怒火從世界各地紛至沓來，西元四至五世紀的新柏拉圖學派希臘學者希帕媞婭（Hypatia）[1]跑到哪裡去了？中世紀女性論述家，賓根的希爾德嘉德（Hildegard of Bingen）呢？十二世紀的哀綠綺思（Heloise）為什麼被屏除在外？而與她因為情書而齊名，彼此惺惺相惜的愛人阿伯拉（Abelard）卻能獲得票數（雖然也是沒有擠進前二十名就是了）？十七世紀的瑪莉・

LEARN MORE

阿斯特爾 (Mary Astell) 呢？她可是女性主義者的原型？女性主義的老前輩來著。即便是到了晚近，我們也還有漢娜・鄂蘭 (Hannah Arendt)、艾瑞絲・梅鐸 (Iris Murdoch) 跟艾茵・蘭德 (Ayn Rand) 啊？這些優秀的女性真的會不夠格嗎？

現今的學術圈就沙文主義到這種無可救藥的地步嗎？受過教育的大衆就只因為性別，就無視於這些卓越的哲學家嗎？還是說是跟她們同時代的沙豬真的太惡毒，才導致她們在歷史上沒有得到應有的重視程度？

女性主義眞正的黎明，得回溯到十八世紀的瑪莉・伍爾史東克拉夫特 (Mary Wollstonecraft) 跟她的《女權的平反》(*A Vindication of the Rights of Women*) 這本充滿原創性的作品。如果說英文裡形容原創時會用上 seminal 這個跟精液 semen 同源的單字，那這

1 由瑞秋・懷茲 (Rachel Weisz) 主演的電影《風暴佳人》(*Agora*) 即在講述這位偉大女性天文學者與數學家的生平，包括廣受敬愛的她最後如何被暴徒迫害至死。

本論述就值得我們改用 **ovarian** 來加以形容，因爲女性用以孕育生命的工具並非精子，而是 **ovary**（卵巢）。總之在這篇論文裡，瑪莉．伍爾史東克拉夫特單挑的不是別人，而是名震一時的盧梭，她不滿意的是盧梭提議讓女性受二流的教育。

進入二十世紀，隨著西蒙．波娃（她另一個身分是沙特的情人）出版了《第二性》(*The Second Sex*)，女性主義得到了存在主義的重新定義。西蒙．波娃宣稱世界上不存在女性本質這種東西，她認爲女性特質只不過是男性強加在女性身上的緊箍咒。按照她的看法，女性有絕對的自由去創造屬於自己的內涵與形象。

但女性特質作爲一種概念，其彈性究竟有多大呢？與生俱來的生殖器官對我們的性別認同，難道會一點關係都沒有嗎？部分後波娃時代的女性主義者確實是這麼想的。她們宣稱我們出生時的性別都是一張白紙，她們說我們的性別認同是後來從社會跟雙親處取得的東西。於是乎到了今天，性別角色已經不再是理所當然，而是必須要好好學習的事情了。

兩名男同性戀站在街角，一名身段婀娜多姿的美女走過，而且她身上還穿了件盡顯身材的低胸緊身雪紡洋裝。

男同性戀A於是對男同性戀B說：「每次遇到這種的，我都會恨不得自己是個女同志！」

傳統的性別角色，只不過是社會的一種架構，只是男性發明出來讓女性乖乖聽話的工具嗎？亦或性別角色是先天由生理結構決定的東西？這個謎團，一向在哲學家與心理學家之間都存在涇渭分明的見解。有些人想得很深，他們堅守著生物決定論的陣地，如佛洛伊德就宣稱「生理結構就是命運」，他祭出了目的論來主張女體的架構，已然決定了女性在社會中該扮演的角色。不過他究竟是根據女性身體的哪一部分認定燙衣服是女人的工作，我們就不太清楚了。另外一名生理決定論者是大衛·貝瑞（Dave Barry）點出了如果女性必須在接高飛球跟拯救孩童之間做出抉擇，她一定會毫不猶豫地選擇接住小孩，至於壘上的跑者她才不會管。

當然同樣的生物決定論，男性也不能「倖免於難」，男人擇偶永遠都是憑本能，看外表，每個男人都很色的想法就是這樣來的。

有個男人在約會時腳踏三條船，但他只能選一個娶。為此他給了她們一人五千美元，然後藉此來觀察她們怎麼花錢。

一號女友拿錢去徹底打扮了一番。她的第一站是高檔的美髮沙龍，在那兒她做了頭髮、指甲、臉，之後又去添購了幾套新裝。一號女友跟男生說她這麼做，都是為了能在他的眼前更加賞心悅目，這是她對他愛的表現。

二號女友給男生買了好幾樣禮物：一組高爾夫球桿、一些電腦周邊，還有幾件售價不菲的男裝。她說錢都花在了他的身上，這是她對他愛的表現。

三號女友把錢拿去投資股市，結果賺回來好幾個五千美元。她把五千美元的本金還給了男生，然後把賺來的錢存進聯名戶頭裡，繼續錢滾錢。她說她想要投資兩人共同的未來，這就是她對他愛的表現。

問：你覺得他最後選了誰？

答：他選了奶大的。

LEARN MORE

隨堂測驗

這是個反女性主義的笑話？還是個反沙文主義豬的笑話？試討論之。

下面的故事也是在討論男女之間本質的差異，而且這故事不可能討論本質以外的事情，因爲創世紀時世上只有一名男性，沒有社會結構會來干預他的本性。

上帝出現在伊甸園，來到了亞當與夏娃的面前。祂宣布自己有兩個禮物，亞當跟夏娃一人一個，但祂要兩人自行協調誰拿哪一個，也就是禮物的分配。祂說：「第一個禮物是站著尿尿的能力。」

出於一股衝動，亞當脫口而出說：「站著尿尿，好炫喔，聽起來超酷的，這個我要！這個給我。」

「好喔，」上帝說，「那這第一份禮物就歸你了，亞當。那夏娃，妳就委屈一點，拿另外一個禮物好了，我看看，喔，剩下這個禮物叫多重性高潮。」

女性主義在社會與政治上產生的影響所在多有，包括：投票權、性侵害防治法、女性工作條件與待遇的提升等等。但近期有另外一個社會上的餘波盪漾，是屬於負面的，那就是來自於男性的反彈。而從男性反彈而生出來的，就是許多政治不正確的性別笑話。

政治不正確這點，讓開女性主義玩笑的笑話又多了一層可以咀嚼的新滋味：「我知道這個笑話不符合主流的自由派想法，但嘿，人活著那麼嚴肅幹嘛？」這道預防針一打下去，說笑話的人等於是招認了自己不正經。痞子雖然會讓笑話更好笑，但也得冒上讓人討厭的風險，不信我們來看看下面這個挺過分的笑話。

在橫越大西洋的航程上，一架客機遇到了嚴重的暴風雨。亂流非常嚴重，更糟糕的是一邊的機翼還被閃電打到。

大家固然都有點驚慌，但其中一位年輕女乘客格外抓狂。她站在機首尖叫：「我才幾歲啊，我還不想死！」接著她又喊道：「嗯，要是真的得死，我希望自己人生最後的幾分鐘可以值得紀念！長到這麼大，從來沒有人能讓我覺得自己是個女人！現在不管了，我受夠了，機上有沒有人能讓我徹底感覺是個女人？」

此話一出機上安靜了一下，然後大家都忘了亂流的可怕，男人們紛紛兩眼瞪得老大，目不轉睛地盯著機首這位豁出去的女子。看著看著，一名男性從飛機後方的座位站起了身，他是一個身材修長，皮膚黝黑的黑髮帥哥。帥哥沿著飛機走道開始前進，並且邊走解襯衫的釦子。「我可以讓妳感覺像個女人」，他發表了這樣宣言。

大家都被他的舉動震懾住了，一動也不動。而隨著帥哥的距離愈來愈近，女子也開始興奮了起來。帥哥最終徹底脫掉了上衣，胸肌隨著他的手向女子伸去而產生了漣漪。就在眼看著事情要達到最高潮的瞬息，他把手中的襯衫遞給了渾身顫抖的女子，然後撂下一句：「這個麻煩妳幫我燙平。」

爲了迎戰政治不正確笑話的攻擊，世間出現了另外一種笑話的變形，這種笑話聽來會跟政治不正確的笑話沒有兩樣，至少一開始是這樣，但到了最後關頭，看似老掉牙沙文主義的劇情會出現天外飛來一筆轉折，讓女性成爲最後的勝利者。

賭場裡兩個百無聊賴的男性荷官在骰子賭桌前候著，突然間一個金髮大胸美女跑來下了個兩萬美元的大注，準備貨真價實地孤注一擲。「我希望您不介意，但我覺得自己裸體的時候手氣比較旺。」美女這麼說完便自顧自地把衣服一件件給脫光，然後邊搖起了骰子，邊拉高嗓門吼說：「來啊，來吧，寶貝，幫媽媽賺點治裝費吧！」隨著骰子出手之後點數落定，美女興奮地又叫又跳。「喔耶，贏了，我贏了！」她忘情地輪流抱住了在場的兩位荷官，拿起了她贏到的錢跟衣服，迅速地離開了現場。兩名荷官四目相覷，都不知道發生了什麼事情。最後終於其中一個荷官發現了盲點說：「她骰出來的到底是幾點啊？」另外一個回答說：「我不知道啊，我以為你有在看說。」

這個故事的教訓是：金髮胸大不見得無腦，但不好色的就不叫男人。

這種新女性主義的「文體」，還有下方這一例。

飛機上，金髮女子坐在了一名律師身旁。律師一直慮美女跟她玩一個比誰常識比較豐富的遊戲，最後為了讓美女願意玩，律師說他願意吃點虧。他說女方答不出他問的問題，罰五塊錢就好，而他要是答不出女方問的問題，他願意罰十倍，也就是五十塊錢。

在女子上鉤之後，律師問她的第一個問題是：「地球距離最近的恆星有多遠？」

她答不上來，便願賭服輸地給了他一張五元的鈔票。

攻守交換後她則問律師說：「有樣東西上山時三條腿，下山時四條腿，請問這是什麼？」

律師想了好一會兒，但最終還是承認自己毫無頭緒，付了五十塊錢。

金髮女子一聲不吭地把錢放進了皮夾。

此時律師說話了：「等等，妳的問題答案是什麼？」

聽到他這麼說，女方就又還了五塊給他。

經濟哲學點將錄

勞勃・海爾布魯諾 (Robert Heilbroner) 寫過一本談論經濟理論學者的代表作叫《俗世哲學家：改變歷史的經濟學家》(*The Worldly Philosophers*)，他在書中的第一句話就開門見山地承認說：「這本書講的是出名出得莫名其妙的一小群人。」沒錯，就連到了經濟學的領域裡，我們都會被哲學家堵到。

美國發表獨立宣言的同一年，專攻經濟學的蘇格蘭哲學家亞當・斯密 (Adam Smith) 精心（還是我們應該有性平意識地說卵心？）寫出了一本曠世名著《國家財富的本質與原因探究》(*An Inquiry into the Nature and Causes of the Wealth of Nations*)，簡稱《國富論》。因爲有這本書扮演藍圖打底，後來才會有以自由市場爲本的資本主義。

資本主義的一大優勢，按照亞當・斯密所說，在於它能刺激經濟的創意。想賺錢就跟想活命一樣，都是人的本能。爲了圖利自己，人會像死到臨頭一樣拼命地動腦筋。

有個男子踏進了銀行說要借兩百元半年。放款專員問他有什麼抵押品可作為擔保，男子說：「我有一台勞斯萊斯，這是鑰匙，還錢之前我就把車押在你們這裡。」一轉眼半年過去，男子如期回到銀行，連本帶利付清了兩百一十元，贖回了他的勞斯萊斯。放款專員說：「先生，我有點好奇，你都能開勞斯萊斯了，還需要跟我們周轉區區兩百塊半年嗎？」

男子回答說：「我這半年都待在歐洲，車放在別的地方這麼久，哪可能只收十塊錢？」

在資本主義的理論裡，「市場機制」負責調節經濟。比方說好的庫存管理，就會讓企業取得競爭優勢。

張亞芹：先生，您生涯的積蓄可真令人羨慕啊，您有什麼致富之道嗎？

郭抬著：喔，我做的是信鴿的生意。

張亞芹：信鴿？好特別喔！所以您是賣了多少隻信鴿才賺到這麼多錢？

郭抬著：我這輩子只賣過一隻信鴿，但每次賣出去，牠都會自己飛回來。

隨著資本主義不斷演進，經濟哲學也不得不迎頭趕上。市場上的創新，催生出了許多亞當．斯密跟古典經濟哲學家都壓根沒想到過的複雜玩意。比方說健康保險，就創造出一個狀況是「回本不是好事」，反而是保費最好領不回來，才符合買方，也就是保戶最大的利益。至於五花肉的期貨買賣，很明顯是跟直接買豬隻「風馬牛不相及」。另外有一種經濟上的創新，當中也沒有古典供需機制說話的份兒，那就是抽獎。

美國路易斯安那州有一群說法語的卡真人（Cajun），尚保羅就是其中一員。有天尚保羅遷居到德州，然後用一百塊跟個老農夫買了頭驢子。老農夫答應隔天把驢子「宅配」到尚保羅家裡。

只不過到了第二天，農夫開車來到尚保羅住處說：「很抱歉，但我有壞消息。你買的驢子死了。」

「喔，那把錢還我得了，」尚保羅說。

「那可不成，我已經把錢給花掉了，」農夫說。

「是喔，那不然你把死驢卸下來好了，」尚保羅說。

「你打算拿死驢怎麼辦？」農夫說。

「我會辦個抽獎，賣些抽獎券，然後把死驢當獎品送出去。」尚保羅說。

「死驢怎麼能當抽獎的獎品！」農夫說。

「怎麼不能，我就送給你看，我不說誰知道驢子是死的。」尚保羅說。

「是的，小寶貝，馬麻的手要保持美美的，因為媽咪哪天想回去幫人開腦部手術，還得靠這雙手好看呢。」

事隔一個月，農夫又跟這位卡真人碰了面。

他問尚保羅說：「那頭死驢子怎麼樣了？」

「我辦抽獎送出去了。我賣了一共五百張獎券，每張兩元，淨賺八百九十八元。」

「都沒有人抱怨嗎？」

「只有抽到大獎死驢的傢伙來抗議，所以我就還了他買獎券的兩塊錢。」

古典經濟學家也不太放在眼裡的，還有我們現在說的「隱藏價值」，比方說家庭主婦的無償勞動。關於隱藏價值的概念，我們來看下面這個故事：

知名的藝術品收藏家在城市中漫步，突然間他注意到有隻髒兮兮的貓咪在店家門口舔一碟牛奶。他楞了一下，因為他知道那個碟子是價值連城的古董。於是乎他裝著沒事走進了店裡，並且出價兩美元要買那隻貓咪。

店東回答說：「很抱歉，但貓咪是非賣品。」

藏家說：「拜託啦，我家裡真的需要一隻餓鬼貓咪當我的捕鼠器，不然我出二十美元。」

老闆說：「好，賣了。」然後便把貓咪抱到了收藏家手裡。

收藏家接著說：「嘿，我都花了二十美元買貓，你能不能行行好，把那個舊碟子也送給我。我看貓咪已經習慣了，這樣我也不用另外花錢買貓碗。」

店東說：「抱歉，老兄，但那是我的幸運碟。靠這碟子，我這禮拜已經賣了三十八隻貓咪。」

我們要肯定一點，那就是亞當・斯密有先注意到資本主義失控時會產生哪些陷阱，這包括獨占的氾濫。但直到十九世紀，才有馬克思的經濟哲學批判資本主義本質中難以避免的分配不均。分配不均帶來革命，然後馬克思說人民組成的政府會剷除貧富不均——弭平從所有權到信用額度的所有差別。

我們兩個最近人在古巴想買些美國不准進口的便宜貨雪茄，結果恰好在哈瓦那的脫口秀俱樂部裡聽到這個段子：

荷　西：我快瘋了，明明有能力付現的有錢人卻能刷卡買東西，沒錢的窮人反而必須付現，這是什麼世界？馬克思說的好像跟這個相反耶，窮人才應該賒帳買東西啊，讓有錢人去付現才對。

曼努埃：但是商家要是讓窮人賒帳，那老闆自己也會很快就加入窮人的行列吧！

荷　西：那很好啊！那老闆就也可以享受賒帳買東西的快感了！

按照馬克思的想法，革命之後會誕生無產階級專政，然後無產階級專政又會導出「國家制度的土崩瓦解」。話雖如此，我們還是認爲卡爾．馬克思被當成是無政府主義者，是大家冤枉了他。

LEARN MORE

隨堂測驗

哪一個馬克思（斯）更接近無政府主義者？是說出「受壓迫的各階級一定會揭竿而起，掙脫身上的枷鎖」的卡爾．馬克思（Karl Marx），還是說出「狗以外，書是人最好的朋友；主要是狗以內，光線太暗了沒辦法看書。」的格魯喬．馬克思（Groucho Marx）？

你也許會這麼問自己：「資本主義跟共產主義，究竟差在哪裡？」也可能你不會想這麼問，但無論如何，這個問題的答案都不難。在資本主義之下，人吃人；在共產主義之下，這句話得倒過來唸。

左右爲難之下，資本主義跟社會主義妥協出一種制度叫做社會主義式的民主，簡稱，嗯，「社會主義民主」。在社會主義民主的制度底下，沒能力工作的人會有社會福利照顧，法律則會保障勞工在資方面前有集體議價的權利。不過跟資本主義妥協的結果，也讓左派人士得跟一些奇怪的傢伙同眠共枕。

有個工會總幹事來到巴黎開會，然後心血來潮想去窯子逛逛。他問老鴇說：「請問，這間妓院有成立工會嗎？」

「工會啊，沒有耶。」媽媽桑如實以答。

「那這裡的小姐，能賺多少錢？」工會魂上身的總幹事繼續追問。

「嗯，我們是八二分帳，客人付一百塊錢，妓院抽八十，小姐拿二十。」

「這太剝削了吧！」總幹事言畢便氣沖沖地走了。

最後，他另外找了一家有成立工會的妓院消費。

「我付一百，小姐可以拿到多少？」他問了一樣的問題。

「八十，」第二間妓院的媽媽桑回答。

「太好了！」他說，「那我要點，嗯，克蕾特。」

「客官你吃很好喔，克蕾特是我們這裡最幼齒的紅牌，」老鴇說，「但不好意思我們得先讓特瑞莎接客喔，因為工會要求要看年資排班。」

經濟學理論特容易鑽牛角尖而陷入「爲了分類而分類」的謬誤，比方說，發錢給窮人跟替有錢人減稅，眞的有差別嗎？

在下面的笑話裡，芬伍德先生就做了一個只在經濟學上有差異的決定：

芬伍德先生有隻母牛，但沒有草地可以放養牠。於是他跑去找隔壁的波特先生，他想出二十塊錢的月租，讓波特先生答應可以在他的草原上放牛，而波特先生答應了他。幾個月過去，母牛舒爽地在波特先生的草原上徜徉，但芬伍德先生卻一毛錢也沒有付給地主波特先生。

最後波特先生終於受不了，他跑去找芬伍德先生說：「我知道你手頭緊，不然我們打個商量。我已經供母牛吃草十個月了，所以你欠我兩百塊，這跟買一頭牛的錢也差不多了，所以要不你直接把牛讓給我，欠租我們就算一筆勾銷了，你意下如何？」

芬伍德先生想了一下說：「你再讓我的牛多吃一個月的草，我就答應你的提議！」

法律哲學

法律哲學，或稱法哲學、法理學，簡稱法學，探討的是「為何要有法律？」這種基本的問題。

世上關於這個問題的答案，存在著幾個基本的法學理論。源自亞里斯多德的「品德論」是其一，這一派認為法律的存在是為了弘揚並促進人類的德行。在品德論支持者的眼裡，社會秩序維護法的訂定（比方說公共場所不得隨地便溺）就是為了把全體人口的道德標準拉高，喜歡亂尿尿的人尤其是這些人的眼中釘（萬一被抓，尿尿者只能寄望開庭時能遇到陪審團裡有幫草地澆花的同好）。

康德所主張的「義務論」則認為法律的目的在於把道德義務法制化。對義務論者而言，法律之所以規定不可隨地便溺，其目的在於讓「尊重別人的感受」變成所有公民的共同責任。

十九世紀，功利主義哲學家邊沁（Jeremy Bentham）說法律的目的在於為最多數人創造出最大的利益。功利主義者會認為法律禁止隨地便溺，是因為這條法律雖然讓少數人不便，但卻可以讓多數市民受益，所以為了公眾利益，少數人必須改變自己長久以來的習慣，這也就是所謂的「效益論」。

不過法學既然是一種哲學，其各種理論就很可能被尋常百姓劈頭問這樣一個問題：「有差嗎？——比方說在《茱蒂法官》(*Judge Judy*)[2]的法庭上——這些玩具般的理論眞的需要分這麼細嗎？」品德論、義務論與功利主義當中任何一項，都可以用來合理化社會秩序維護法，但其他源遠流長的法律原則也一樣做得到這點，比方說有種看法是對犯罪施以刑罰，可以讓正義的天平回復平衡。對人施以刑罰，可以是出於品德論（矯治），可以是出於義務論（違背公民義務者當罰），也可以是出於功利主義的觀點（殺雞儆猴）。

一般人會問哲學家：「如果你們對開罰都有共識了，那施以刑罰的理由不同又能如何？」我們會認爲眞正該問的問題是：**如何讓犯行與刑度能符合比例原則**——比方說侮辱公署該對應到罰款二十美元，怎麼樣，說得過去吧？

有個男子在交通法庭裡等開庭，等了一整天。好不容易終於等到他站在法官面前，但法官只是草草跟他說法院要下班了，叫他明天請早。

2 是美國電視上的真人實境秀。

氣急敗壞的男人突然理智斷線，嗆了法官一句說：「你是在給林北莊孝維嗎？」

法官當場回嗆：「藐視法庭，判罰你二十美金！」

男子聽法官這麼說，當場掏出了皮夾。

法官說：「沒叫你當場繳罰款。」

男子說：「我沒要馬上繳，我只是看看自己有沒有錢再多講兩句。」

另外一個知名的法律原則是間接證據的不足採信。同樣地，前述的三種抽象理論都支持這個原則。品德論主張在法庭上爲昭信於天下，證據力的認定理應取法乎上，如此才能爲廣大的公民立下典範。對於義務論者而言，間接證據的採用會違反普世的公平原則。對於功利主義者而言，間接證據的採用可能會造成冤案，而冤案處理起來會非常棘手。

同樣地，我們一般人會認爲眞正實際的問題是：**誰在乎我們對間接證據的採信小不小心**？在實務上，我們只需要主張間接證據靠不住就行了，不信我們來看看下面這個故事裡的女方是怎麼做的，尤其大家可以注意她把**歸謬法**用得多麼出神入化。

一對夫妻去釣魚勝地度假。趁老公打盹的時候，老婆決定開他的船去湖心看書。就在她享受著日光浴的同時，當地的警長也搭船經過，他對女子說：「這裡禁止釣魚，女士，我依法得逮捕你。」

女子說：「可是警長，我又沒有釣魚。」

警長說：「女士，你可是把所有釣魚的裝備都帶齊了耶。你非跟我走一趟警局不行。」

女子說：「你要是抓我，我就告你性侵。」

警長說：「我根本還沒碰到你耶。」

女子說：「我知道，但是你把所有性侵我的裝備都帶齊了啊。」

不過話說回來，還是有些法學原則會因爲立足的基本理論不同而產生巨大差異，如下面的故事說的就是這種情形。

一名法官把兩造律師都叫到他的辦公室裡說：「我把你們叫來，是因為我同時收到了你們兩邊的賄款。」聽到法官說得如此直白，兩邊的律師都開始坐立難安。「你，阿倫，給了我一萬五；菲爾，你給了我一萬。」

法官說完，退了一張五千塊錢的支票給阿倫說：「這樣你們就扯平了，接下來的事情我會秉公處理。」

如果禁止賄賂的目的僅在於避免公僕瀆職而對人大小眼，那法官的歪理似乎也有幾分道理，畢竟從兩邊收到一樣的錢，跟從兩邊都沒有收錢，都不會讓法官違反公平審判的義務。同樣地，如果禁止賄賂的目的在於確保公平審判並產生有利於大眾的結果，那兩邊收一樣的錢也沒有問題。但是不論是法官或律師的品德，我們都不可能認爲可以讓小朋友學。

我們書都寫到不知道第幾頁了，竟然還沒有開到律師的玩笑，太離譜了。我們很能忍，但還沒有那麼能忍。

律師留了張便條給客戶：

「親愛的法蘭克：我昨天以為在鎮上看到你。我過了馬路想跟你打招呼，沒想到是我認錯人了，那我的費率是一小時五百美元，這次就收你六分鐘的錢：五十美元。」

迪米崔：你啟發了我，塔索。我決定要競選城管來維護秩序，你會投給我嗎？

塔　索：當然，我的好朋友。只要是祕密投票，我一定投給你。

第九章

相對性

我們也不好解釋什麼，
畢竟這個詞對不同人有不同的意思。

METAPHYSICS
LOGIC
EPISTEMOLOGY
ETHICS
PHILOSOPHY OF RELIGION
EXISTENTIALISM
PHILOSOPHY OF LANGUAGE
SOCIAL AND POLITICAL PHILOSOPHY
RELATIVITY
META-PHILOSOPHY

迪米崔：你的問題，我的好朋友，在於你太活在自己的世界裡了。

塔　索：你是說跟誰比？

迪米崔：嗯，跟叫阿基里斯的那個運動員比吧。

塔　索：那跟蘇格拉底比呢？

迪米崔：ＯＫ，算你贏。跟蘇格拉底比的話，你是個笨蛋。

相對之下的真相

眞相有相對或絕對之分嗎？

道家的莊子曾經夢到自己是隻蝴蝶，醒來後他想說：現在該不會我其實是蝴蝶，而我正在夢到自己是莊子吧？

在現代西方，哲學家一向很著迷於知識在人類觀察時的相對性。極端一點，喬治·柏克萊（George Berkeley）[1]甚至說過「實體」只相對於心靈存在。

二十世紀，哈佛大學一名教授拿迷藥做了實驗，最後實驗結果的相對性讓他大開眼界。不，我們要講的不是提摩西．李瑞。這一位是李瑞教授的大前輩，威廉．詹姆斯。吸了笑氣之後，詹姆斯覺得他看到了萬事萬物的終極融合，但在藥效消退後，他卻把剛剛天人合一的境界忘得一乾二淨。由此第二次吸笑氣的時候，他綁了枝筆在手上，然後把實驗記錄攤開在自己的面前。果不其然，他因為笑氣的作用而靈感不斷，而這一次他也成功地把想法記錄成白紙黑字。事隔幾個小時，在完全清醒的狀態下，他讀了讀自己剛剛親手寫下的哲學新知是：「東西聞起來都有汽油味！」

雖然一開始有點失落，但詹姆斯教授隨即找回了自己的哲學本能。他意會到真正的問題癥結有兩點：一是他在笑氣作用下覺得了不得的想法，是否其實很普通；二是「東西聞起來都有汽油味」是否其實真的挺了不得，只不過人要在笑氣作用下才能體會到這一點。

我必須說詹姆斯教授在分析事情時還挺有喜感的，聽他講話就像吸到笑氣一樣。

時間的相對性

不少笑話都在拿時間的相對性做文章。我們來瀏覽一下：

蝸牛在路上被兩隻烏龜行搶，警察趕來後問蝸牛是怎麼回事，蝸牛回答說：「我也不清楚耶，一切都發生得太快了。」

接著還是這隻蝸牛的戲份：

女人聽得有人敲門，但去應門時，女人只見到外頭一隻蝸牛。她撿起了蝸牛，將之扔到了院子深處。兩周以後，外頭又有人敲門，女子又應了門，沒想到又是那隻蝸牛。蝸牛對她說的是：「妳剛剛幹嘛丟我？」

須臾與永恆之間的對比，一直是哲學思考的兵家必爭之地，而哲學家多的地方，就少不了笑話。

「你這本《自傳：蜉蝣的一生》，我們沒法兒幫你出，
因為一本書起碼也得要兩頁。」

某人向上帝禱告說：「主啊，我有一個問題。」
上帝告訴他：「是喔，你說。」
「主啊，一百萬年對您來說，真的感覺像一秒鐘嗎？」
「是啊，這是真的。」
「是喔，那一百萬美元對您來說呢？」
「一百萬美元對我來說，就像一分錢一樣啊。」
「是喔，」男人說，「那我可以跟您要一分錢嗎？」
「好啊，我去拿，等我一秒鐘。」

世界觀的相對性

觀點的相對性，也是笑話的四庫全書，笑點隨便翻隨便有。

有個法國人走進酒吧，一隻鸚鵡穿著燕尾服，站在他的肩頭上。
酒保說：「哇，好可愛喔，這小衣服你哪裡買的啊？」
鸚鵡說：「在法國買的啊，那兒有一大票嬌小的男生。」

二十世紀的美國哲學家奎因 (W.V.O. Quine) 曾寫說人的世界觀取決於母語，他認爲母語是人無法逃脫的架構，而無法「逃獄成功」，我們就接觸不到外頭不同的世界觀。詞彙的翻譯在不相關的語言之間，是非常微妙而難以捉摸的。我們會看到另一個語言的母語者指著兔子說「嘎嘎嗚啦啦」，但我們其實無法確定「嘎嘎嗚啦啦」指的是「兔耳、兔身、兔腳的組合」，還是「兔子生長過程的某一個階段」，還是跟兔兔沾得上任何一根兔毛的事情。

晚餐時間，兩個猶太人在符合猶太教教規的「潔食」中餐館裡吃飯。華裔的服務生一邊拿菜單讓兩名客人過目，一邊用意第緒語跟這兩個客人閒聊。吃飽喝足之後，兩人在走出餐館時跟老闆大讚服務生能用意第緒語招呼客人。

「噓，別讓他聽到，」老闆說，「他以為自己在練習英文呢。」

---

1 一六八五－一七五三，英裔愛爾蘭哲學家，與約翰·洛克和大衛·休謨被認為是英國近代經驗主義三大代表人物。

這個笑話，一針見血地展現了奎因對於翻譯中不確定性與侷限性的質疑。笑話裡的華人服務生可以跟猶太食客一樣掌握意第緒語的用法，但我們還是不能說他懂意第緒語，畢竟他根本不知道自己在講意第緒語——不論你的作文寫得再好，文不對題就是零分！

事實上就連什麼叫做外語，其定義都談不上絕對，這一點還得視講話的人是誰而定。我們來看看下面這個在國貿領域中遇到的案例：

一家跨國企業公開招募祕書，結果一隻黃金獵犬跑來應徵。牠通過了打字的測驗，得到了面試的機會。面談時人資經理問牠說：「你的外語能力如何？」狗狗立刻喵了一聲。

價值觀的相對性

以當代而言，思想家傅柯（Michel Foucault）在意的是另外一種相對性，那就是文化價值與社會權力之間的相對性。我們的文化價值，特別是我們認為「何謂正常」這一點，會決定社會如何進行控制我們，而社會如何控制我們，也會反過來決定我們覺得什麼叫做正常。誰有病？誰有權力決定誰有病？對那些病人而言，被認定有病是什麼意思？對於有權控制這些病人的人而言，有病又是什麼意思？那些有權控制病人的人，又是些什麼人？這一大串問題的答案，會隨著時間而不斷改變，因爲社會上的權力配置不可能一成不變。在某個時代，權力會握在神職者的手中，換到另一個時代，事情會是醫生說了算。誰說了算，會影響精神病患接受到什麼樣的治療。話說到底，我們認爲超越古今、堅若磐石的絕對價值，其實都在歷史長河中受掌權者操弄。

派特：麥可，我小派啦。我現在人在高速公路上，邊開車邊用新手機打給你。

麥可：喂，當心點啊，我剛剛才在警廣上聽到說有個瘋子在國道上一路逆向。

派特：豈止一個瘋子啊？我的老天鵝，現在逆向的車子起碼有幾百輛！

從純理性的觀點來看，派特跟警廣都沒有錯。對派特而言，其他人才是逆向。但若如此，那爲什麼這會是個笑話，而不單純只是意見的衝突呢？答案就是傅柯提出的觀點：最終能決定誰順向、誰逆向的權威，是國家。

自柏拉圖以降的哲學家都放不下的另外一個題目，是一時與永恆的價值對照。同樣的，這個課題也有搭配來幫助理解的笑話。

曾經有個富翁死到臨頭了才非常心酸，因為他辛苦了一輩子才賺到這麼多錢，不能帶到天堂他實在心有不甘。於是乎他向上帝禱告說他希望能多少帶一點錢走。

輪值天使聽到了他的悲願，出現在他面前。

天使說：「很抱歉，但是錢財是身外之物，生不帶來，死不帶去。」

富翁於是懇求天使讓他當面跟上帝溝通，看祂老人家能不能稍微通融。

為了傳話，天使說他去去就回。結果傳回來的是好消息，天使說上帝決定網開一面，破例讓富翁帶一只手提箱上天堂。喜出望外的富翁翻出他家裡最大的箱子，塞進了滿滿的金條，然後擱在了病榻一旁候著。

不久富翁果然一命嗚呼，出現在天堂的珍珠大門前。聖彼得看到了富翁提著手提箱，便趕緊迎上前去攔住了他說：「等等，你這不能帶進來！」

富翁跟聖彼得解釋說他問過上帝說可以，並請他去跟上帝確認一下。果不其然，聖彼得去完回來便跟富翁說：「你說得沒錯，上帝說你可以攜帶一件隨身行李，但內容物要先經由我檢查過才能放行。」

語畢聖彼得打開了手提箱，他想看看富翁覺得難以割捨的身外之物是什麼，結果不看還好，一看聖彼得便大叫了一聲說：「你把人行道的地磚帶來幹什麼？」

絕對的相對性

哲學上有不少的謬誤，都可以溯源到把相對的觀點當成絕對。湯瑪斯．傑佛森(Thomas Jefferson)借用了英國哲學家約翰．洛克的觀點，由此傑佛森認爲人身安全、自由與追求幸福等權利，是不證自明的天賦人權，基本上他認定這些權利普世而絕對。但對於來自不同文化的人來說，這些權利顯然絕非理所當然，比方說伊斯蘭教的極端主義分子就會認爲追求世俗的幸福是異教徒的罪愆。

反過來說，另外一種錯誤是我們會將絕對之事誤認爲相對。

大海之中，軍艦上的瞭望員發現右舷的船首前方傳來一道光芒。艦長於是令他向這道光線的來源示意讓道。「請立即改道二十度！」瞭望員將訊息發了出去。

但軍艦收到的回覆竟然一模一樣：「請立即改道二十度！」

艦長氣炸了，他授意打出了訊號說：「我是本艦艦長，如今雙方即將對撞，請立即轉向二十度！」

沒想到這次的回覆是：「我是二等兵水手，而我強烈建議您馬上改變航道二十度！」

這下子艦長真的理智斷線了。他在盛怒之下發了訊號說：「改什麼道，我們開的是軍艦耶！」

這次對方回覆說：「請改道，我們這邊是燈塔！」

學習了這些相對性的深刻道理，下次點中國菜外帶的時候就要格外注意。一樣東西被中國人叫做食物，你就要小心了。

迪米崔：這麼看起來，塔索，你是那種覺得真相不只一種，所有答案都只是相對真實的囉？

塔　索：你說的沒錯。

迪米崔：你確定我這麼說沒錯嗎？

塔　索：百分之一百確定。

第十章

後設哲學

後設哲學就是哲學的哲學。
請注意，不要將之與哲學的哲學的哲學混為一談。

METAPHYSICS
LOGIC
EPISTEMOLOGY
ETHICS
PHILOSOPHY OF RELIGION
EXISTENTIALISM
PHILOSOPHY OF LANGUAGE
SOCIAL AND POLITICAL PHILOSOPHY
RELATIVITY
META-PHILOSOPHY

迪米崔：我覺得我好像慢慢抓到要領了，塔索。
塔　索：你是說什麼的要領？
迪米崔：當然是哲學的要領啊，不然還有什麼？
塔　索：這你就叫做哲學喔？

英文的 meta- 這個字首，或者是中文裡的「後設」冠在另一樣東西前面，其意義基本上就是「超越這樣東西而涵蓋這東西代表的所有東西」。有段時間哲學論述只要一開口，每樣東西都是後設來後設去，好像不後設一下就不「潮」似的。於是乎我們看到討論語言的時候有「後設語言」，討論人類倫理發軔與意義的時候有「後設倫理」。這樣看下來，後設哲學的出現只是要跟後設一族來個大團圓而已，不需要大驚小怪。

後設哲學所盤問的是一個很熱血的問題：「哲學是啥？」你會想說哲學家不是該先搞清楚了這一點才會入行嗎？連哲學是什麼都不知道，他們一開始想當哲學家，是在想個鳥喔？你有聽說過髮型師不知道「髮型」是什麼的嗎？這樣的髮型師，應該是很快就做不下去了吧？誰會想讓自己的老婆大人去給這種人盤頭髮，你說對吧？

但話又說回來，現代哲學家常在做的一件事情，就是不斷地將哲學重新定義。在二十世紀，以魯道夫・卡納普（Rudolf Carnap）爲首的邏輯實證主義者（logical positivist）就靠著定義，把一大票哲學分支給趕了出去，主要是他們公開說形上學沒有意義。他們說哲學只有一道使命，那就是**分析科學語句**。

作爲卡納普的同期，維根斯坦這位日常語言哲學的教父比卡納普更爲極端。他認爲自己的第一本著作就已爲哲學的歷史劃下句點，理由是他已昭示天下所有的哲學命題都沒有意義，包括他自己的命題也不能免疫。因爲深信自己已爲哲學蓋棺論定，他便改行去當小學老師。但幾年後他又重新把哲學從墓地裡挖了出來，因爲他發現了哲學有一個新使命——不要嚇一跳，他認爲哲學能治病。維根斯坦所謂哲學能治病，指的是我們若能把令人費解的語言給釐清，那莫名其妙的哲學問題就不會再讓我們憂鬱。

我們倆年輕的時候，有一種人專門研究「模態邏輯」，這些人做的事情是去區分哪些陳述「可能」爲眞，哪些陳述「必然」爲眞。他們在意的是自己的發言會落在哪一類陳述中。我們是感覺這弄下去會變成數學研究。

沿著這樣的後設哲學傳統前進，我們會遇到下面故事裡的悉尼。

悉尼人生第一次要跟女生約會，不知所措的他跑去找異性緣甚佳的哥哥要意見。

「跟女生說話有沒有什麼祕訣？」

「有一點，」老哥說，「愛爾蘭的女生喜歡聊三樣東西：食物、家人、還有哲學。問女生她喜歡吃什麼，表示你對她有興趣；問她家裡有哪些人，代表你的內心坦蕩蕩；跟她討論哲學，顯示你尊重她的智商。」

「哇，很精闢的分析呢，謝啦，」悉尼說。「食物、家庭、哲學，我記下了。」

當天晚上跟年輕女生碰面時，悉尼脫口而出：「妳喜歡高麗菜嗎？」

「還好耶，」女孩被問得有點莫名其妙。

「妳有哥哥或弟弟嗎？」悉尼又問。

「沒有耶，」女孩答道。

「是喔，那要是有的話，妳會喜歡高麗菜嗎？」

看到了嗎，哲學就是這樣聊的。

LEARN MORE

當代哲學家威廉．瓦利切拉（William Vallicella）曾寫道：「後設哲學是哲學的哲學，其本身也是哲學的一個分支，後設哲學不像科學哲學或宗教哲學本身並不是哲學的分支，而宗教哲學本身又不是宗教的分支。」這樣繞來繞去的陳述，讓瓦利切拉在派對動物之間堪稱當紅炸子雞。

看了瓦利切拉的「繞口令」，我們再度確認了貫穿本書的深刻主題是對的：既然有後設哲學，就一定會有後設哲學的笑話。

有位出差的業務員在鄉間開著車，突然間車子拋錨了。他步行了好幾英哩到附近的農舍問農夫有沒有地方可以讓他借宿一宿。

「行啊，」農夫說，「我老伴死好幾年了，我兩個女兒一個二十一歲，一個二十三歲，但她們都去上大學了。我孤家寡人的，家裡別的沒有，就是房間多。」

聽到老農夫這麼說，業務員轉過身開始走回公路。

農夫在後頭叫住他說：「你沒有聽到我說什麼嗎？我說我房間很多。」

「我聽到了，」業務員說，「但我發現我好像走錯笑話了。」

當然要講後設笑話，怎麼能少了後設笑話的始祖：

一名視障、一個女同性戀跟一隻青蛙走進一間酒吧，酒保看了看他們說：「什麼情形？我現在人在某個笑話裡面嗎？」

最後壓軸的是政治不正確的後設笑話。正如後設哲學需要後設哲學家對普遍認知中的哲學有一定認識，後設笑話也需要笑匠對普遍認知中的笑話有一定了解，就像下方故事裡對波蘭人笑話的成見一樣。

有個人走進人聲鼎沸的酒吧裡，然後大聲宣布自己有一個超狂的波蘭人笑話要講。但他還沒來得及開始講，酒保就喊住了他：「這位客官您慢點，我就是波蘭人耶。」結果這個人說：「是喔，好咧，那我會講得很慢，很慢，很慢。」

迪米崔：所以我們一整個下午都在討論哲學，而你連哲學是什麼都不確定？

塔　索：你這麼問有什麼意涵？

尾聲

哲學重點大會串

本日課程總複習

看過來！

METAPHYSICS
LOGIC
EPISTEMOLOGY
ETHICS
PHILOSOPHY OF RELIGION
EXISTENTIALISM
PHILOSOPHY OF LANGUAGE
SOCIAL AND POLITICAL PHILOSOPHY
RELATIVITY
META-PHILOSOPHY

地點：衛城的一間喜劇俱樂部。

演出者：雅典塔索

塔索：但說真的，大家……你們有聽說過一個英國實證主義者對他太太說她不過是各種感覺與料的集合體嗎？

「喔，是喔？」太太說。「那你覺得每天晚上跟一個沒有**物自身**的男人同床是什麼感覺？」

我不是在開玩笑，我結婚十年了才發現我太太只是**存在**而沒有**本質**。我是說她的本質其實只是一種「能被感知的狀態」。

怎麼回事大家？安靜成這樣？我都可以聽到森林裡的樹倒了……雖然我們根本不**存在**森林裡面！叔本華早就說過我們會有這樣的晚上。

今天也有小朋友在現場喔？前幾天兒子跟我要車鑰匙，我跟他說：「平行宇宙很多，在最完美的那一個裡面你已經是車主了。」

他回說我：「但是爹地，我們這裡不是那個完美的世界耶。」

我說：「去去去，去找你媽！」

對了，我今晚來這兒的路上發生了一件趣事：我踏進了同一條河流……

兩次！

嘿，前幾天，柏拉圖跟一隻鴨嘴獸進了間酒吧，酒保一臉狐疑地看著他。柏拉圖於是說：「我能說啥呢？洞裡黑黑的，看起來都一樣。」

（在觀眾席裡的）迪米崔：什麼鬼啦！把他給我轟下台。

附錄一

哲學史上的關鍵時刻

西元前六世紀

西元前五三〇年：在菩提樹下的第八十三天，釋迦摩尼爲著一個用敲門聲「扣—扣」開頭的雙關語笑話而露出了謎樣的淺淺一笑。

釋迦摩尼佛（Gautama Buddha，也就是佛陀），西元前五六三—四八三年

西元前五世紀

芝諾 (Zeno of Elea)，西元前四九〇—四二五年

蘇格拉底 (Socrates)，西元前四六九—三九九年

西元前四世紀

西元前三八一年：柏拉圖看到洞穴牆上有陰影，他解讀爲那是冬天還要再六星期的意思。

西元前三九九年：蘇格拉底喝下摻了毒參的可樂，然後打了人生最後一嗝。

柏拉圖 (Plato)，西元前四二七—三四七年

亞里斯多德 (Aristotle)，西元前三八四—三二二年

斯多噶主義者 (Stoics)，於西元前四世紀加入哲學的大家庭

西元四世紀

西元三九九年：亞歷山卓城版的《美國科學出版社》出了一篇評論，裡頭說希帕媞婭的新柏拉圖主義是「娘們讀的東西」，不值一哂。

聖奧古斯丁 (St. Augustine)，西元三五四—四三〇年

希帕媞婭 (Hypatia)，西元三七〇—四一五年

十四世紀

西元一三二八年：奧坎的威廉發明了吉列鋒速三冠名的「奧坎剃刀」。

奧坎的威廉 (William Occam)，西元一二八五－一三四七年

十六世紀

西元一五〇四年：某個人在一輛馬車的車牌上貼了一張貼紙，上頭寫著「隨手做好事」，而那輛馬車的主人不是別人，正是主張壞事做盡的馬基維利。

尼可勞・馬基維利 (Niccoló Machiavelli)，西元一四六九－一五二七年

十七世紀

西元一六五〇年：笛卡兒在我思故我在時頓了一拍，結果他就掛了。

西元一六五二年：巴斯卡去到法國的隆尚 (Longchamp) 賽馬場，結果一匹名喚蒙迪厄的馬害他輸了一大筆錢，蒙迪厄在法文裡的意思就是「我的神」，也就是「歐買尬」。

湯瑪斯・霍布斯 (Thomas Hobbes)，西元一五八八－一六七九年

荷內・笛卡兒 (René Descartes)，西元一五九六－一六五〇年

布萊茲・巴斯卡 (Blaise Pascal)，西元一六二三－一六六二年

巴魯赫・史賓諾莎 (Baruch Spinoza)，西元一六三二－一六七七年

約翰・洛克 (John Locke)，西元一六三二－一七〇四年

哥特弗萊德・威爾漢姆・馮・萊布尼茲 (Gottfried Wilhelm von Leibniz)，西元一六四六－一七一六年

十八世紀

西元一七三一年：柏克萊主教在感官被剝奪的缸中待了三十天，結果出來後心靈毫髮無傷。

西元一七五四年：康德跟物自身打了個照面，但他說他「無從評論起」。

西元一七九二年：《曼徹斯特衛報》(*Manchester Guardian*) 上的一篇評論說瑪莉．伍爾史東克拉夫特的《女權的平反》一書是「娘們讀的東西」，簡直不將之當回事。

喬治．柏克萊 (George Berkeley)，西元一六八五－一七五三年

大衛．休謨 (David Hume)，西元一七一一－一七七六年

盧梭 (Jean-Jacques Rousseau)，西元一七一二－一七七八年

亞當．斯密 (Adam Smith)，西元一七二三－一七九〇年

康德 (Immanuel Kant)，西元一七二四－一八〇四年

瑪莉．伍爾史東克拉夫特 (Mary Wollstonecraft)，西元一七五九－一七九七年

十九世紀

西元一八一八年：奇哥、格魯喬、剛莫、哈波與齊波這馬克思五兄弟歡迎卡爾．馬克思弟弟來到世上，不過雖然英文的姓氏相同，他們其實沒有關係。馬克思五兄弟是美國的喜劇演員五人組，卡爾．馬克思就是，嗯，卡爾．馬克思。

西元一八四四年：厭倦了老是被叫「憂鬱的丹麥人」，齊克果打算歸化成其他國家的公民。

西元一九〇〇年：尼采辭世，上帝六個月後也傷心過度死了。

邊沁 (Jeremy Bentham)，西元一七四八－一八三二年
黑格爾 (G.W.F. Hegel)，西元一七七〇－一八三一年
叔本華 (Arthur Schopenhauer)，西元一七八八－一八六〇年
彌爾 (John Stuart Mill)，西元一八〇六－一八七三年
齊克果 (Søren Kierkegaard)，西元一八一三－一八五五年
卡爾．馬克思 (Karl Marx)，西元一八一八－一八八三年
威廉．詹姆斯 (William James)，西元一八四二－一九一〇年
費德里希．尼采 (Friedrich Nietzsche)，西元一八四四－一九〇〇年
埃德蒙德．胡塞爾 (Edmund Husserl)，西元一八五九－一九三八年

二十世紀

西元一九五四年：尚－保羅．沙特 (Jean-Paul Sartre) 放棄了他的哲學家生涯，跑去打工當餐廳外場。

西元一九五八年：法國《世界報》(*Le Monde*) 的評論叫西蒙．波娃的《第二性》滾一邊去，報社說那是「里特哈區．德．西克斯」，也就是「娘們讀的東西」，只不過是用法文發音。

二十世紀

西元一九九六年：爲了兼差打個 WWE 美國職業摔角，克里普克 (Kripke) 正式給自己起了個藝名叫作「鐵面無私的命運指派者」，靈感來自於「固定指涉詞」。

阿弗烈・諾斯・懷海德 (Alfred North Whitehead)，西元一八六一－一九四七年

博川・羅素 (Bertrand Russell)，西元一八七二－一九七〇年

路德維希・維根斯坦 (Ludwig Wittgenstein)，西元一八八九－一九五一年

馬丁・海德格 (Martin Heidegger)，西元一八八九－一九七六年

盧道夫・卡納普 (Rudolf Carnap)，西元一八九一－一九七〇年

吉爾伯特・萊爾 (Gilbert Ryle)，西元一九〇〇－一九七六年

卡爾・波普爾 (Karl Popper)，西元一九〇二－一九九四年

尚-保羅・沙特 (Jean-Paul Sartre)，西元一九〇五－一九八〇年

西蒙・德・波娃 (Simone de Beauvoir)，西元一九〇八－一九八六年

威拉德・范・歐爾曼・奎因 (Willard Van Orman Quine)，西元一九〇八－二〇〇〇年

約翰・奧斯汀 (John Austin)，西元一九一一－一九六〇年

阿爾貝・卡繆 (Albert Camus)，西元一九一三－一九六〇年

米歇爾・傅柯 (Michel Foucault)，西元一九二六－一九八四年

索爾・克里普克 (Saul Kripke)，西元一九四〇年～

彼得・辛格 (Peter Singer)，西元一九四六年～

附錄二

重要哲學詞彙出列！

分析式陳述（或命題）**(analytic statement/proposition)**：分析式陳述就是定義爲眞的陳述。比方說「鴨子都是鳥類」就是分析式陳述，因爲我們提到「鴨子」這種東西，有一部分的意思就是在說這東西是隻鳥。反之「所有鳥都是鴨子」就不是分析式命題，因爲「作爲鴨子的種種」並不落在於鳥的定義內。至於「所有的鴨子都是鴨子」，很顯然就是分析式陳述，就像「所有的鳥兒都是鳥兒」也是。對於哲學可以爲鳥類學等其他領域的專業做出貢獻，我們深感榮幸。分析式命題／陳述所對照的是**綜合式命題／陳述**。

後驗 **(a posteriori)**：由經驗或實證所得知的事情。爲了知道有些啤酒順口但不會脹氣，你至少得喝過一款「好飲擱袂礙胃」的啤酒，這就是經驗的用處。對比**先驗**。

先驗 **(a priori)**：無須經驗就能知道的事情。比方說像《美國好聲音》(American Idol) 這類節目，你就算沒看過，也能知道參賽者都覺得自己是個「美國好聲音」，因爲「美國好聲音」本身所訴求的就是不知道爲什麼，反正就覺得自己是個「好聲音」的那些人。對比**後驗**。

演繹邏輯 **(deductive logic)**：從某組前提作爲起點，按邏輯推理出一個結論的過程。基本款的演繹邏輯是「直言三段論」(syllogism)，比方說「搞笑藝人都是哲學家，憲憲、瓜瓜、典典，都是搞笑藝人，所以憲憲、瓜瓜、典典都是哲學家。」對比**歸納邏輯**。

□ **義務論的倫理學 (deontological ethics)**：以遵守道德是一種義務或一份責任（源自希臘文 *deno*，該做的事情）作爲理論，進而建構出的倫理學，與行爲的實際後果無涉。比方說，某個政治領袖若認爲保護大眾不受恐攻傷害是他最崇高的職責，那他就會主張應爲了實踐這項職責而監聽所有人的臥房，至於這會如何影響大家性生活，並不在他的考慮之列。

□ **物自身 (ding an sich)**：一樣事物的本體，相對的是這樣事物在人類感官中所呈現出的面貌。其概念是一樣物體不等於其感覺與料或感覺資訊的總和，也就是一樣東西不等於它看起來、聽起來、嘗起來與摸起來感受的總和，而是在這些表象之後還有一種物自身的存在獨立於人類官能以外。對某些哲學家來說，物自身這種概念就跟獨角獸或聖誕老公公沒有兩樣。

□ **情緒主義 (emotivism)**：倫理哲學的一種，其內涵爲道德判斷沒有是非對錯，而只不過是表達了我們對於某種／組行爲或其行爲人的認同或不認同。在情緒主義的哲學中，「川普是壞蛋」不代表川普就是個壞蛋，這句話只代表「川普不是我的菜，他一直都不討我喜歡。」

□ **經驗主義 (empiricism)**：經驗主義認爲嗯，經驗——尤其感覺經驗——是通向知識的大道，甚至可以說是僅有的通道。當然要是聽到有人說：「你怎麼知道世界上有獨角獸？」

「因爲我才剛在花園裡看到一隻！」那這就變成 X 檔案裡的經驗主義了。對比**理性主義**。

本質主義（essentialism）：本質主義認爲物體都有其核心的「本質特性」，而與本質特性相對的便是其非核心的「偶然特性」。比方說已婚男人的本質特性就是家裡有個老婆（或是男同性戀的人生伴侶）。但手上戴著婚戒，就只是已婚男人的偶然特性了。男人可能覺得就算沒戴婚戒也不影響他已婚的身分，但這種歪理不見得能讓老婆大人買單就是了。

存在主義（existentialism）：作爲哲學的一個派別，存在主義捨棄抽象而普世的人類整體特質，轉而試圖描述個別人類存在的眞實景況。大師沙特定義存在主義是一種認爲「存在先於本質」的觀點，說白一點就是關於人類，重於一切的事實是我們存在；至於本質，則端視我們如何去創造之。這種視角對存在主義的倫理觀產生了深刻的影響，由此存在主義教導我們要時時刻刻活出眞我，我們要牢記人生有涯，不可以對自己的選擇心存幻想；換句話說在這麼想的時候，你最好人在巴黎咖啡館裡邊喝咖啡邊抽煙，在底特律汽車生產線的輸送帶旁你最好專心一點。

歸納邏輯（inductive logic）：由特定個案出發，推論出通用結論來適用於個案邏輯所及範圍外的一種論證。比方說，太陽今早有升起來，昨天有升起來，昨天以前的每一天也都有升起來，於是我們得到一個結論是：太陽一向都有升起來，未來也會永遠不斷升起來，惟其實這個推論已超出了個案邏輯所能及的邊界。請注意：北極圈的讀者看不懂這個例子屬正常狀況，請安心服用。對比**演繹邏輯**。

□無窮回歸論證 **(infinite regress argument)**：作爲一種論證，無窮回歸說的是針對某個問題所提出的解釋之所以無法令人滿意，是因爲這個解釋像老鼠會一樣，得無窮無盡地尋找相同的解釋來當「下線」，否則整個說法就會崩潰。比方說，爲了解釋地球與世界的存在，有人提出的答案是「造物者」，但這就會讓人想追問：「造物者」又是哪兒蹦出來的呢？如果造物者是「造物者的造物者」造出來的，那我們就不得不問：「造物者的造物者」又是誰造出來的呢？長此以往，無窮無盡，那是一種讓人想吐的心情。

□公案 **(koan)**：在佛教的禪宗裡，公案是一種設計用來讓我們嚇到吃手手，然後邊吃邊覺得好吃，嗯，是邊吃邊悟道的謎題。「單手鼓掌是什麼聲音？」就有這種效果，「雙手鼓掌是什麼聲音？」就沒有這種效果。同場加映「**頓悟**」(satori)。

□非矛盾律 **(Law of Noncontradiction)**：版權屬於亞里斯多德的邏輯法則，其內涵是一個東西或一件事情不能在同時間與同一個方面上既是A又不是A。你不能對人說：「你的褲子著火了，而且你知道嗎？你的褲子沒有著火。」果眞這麼說，你就自打嘴巴了（話說要是褲子眞的著火了，你就先別管亞里斯多德或亞里斯少德了，先拿水管把自己澆熄再說）。

□本體論（的）**(noumenal)**：關乎物體的本體，相對的是我們感官所接受到的訊息。參見**物自身**……但話又說回來，物自身你見不著，是吧？對比**現象學（的）**。

□日常語言哲學 **(ordinary language philosophy)**：日常語言哲學是一個哲學上的運動，其宗旨在試圖透過日常語言的使用來理解哲學上的概念。按照日常語言哲學家所言，不少困擾了大思想家數千年的問題之所以難搞，都是因爲問題本身語意不明或邏輯錯誤。日常語言哲學既出，世道不再一團糨糊。

□ 悖論 **(paradox)**：(A) 悖論是一種推理，其論證過程看似把前提的馬步蹲得很穩，推論的邏輯滴水不漏，但最後導出的卻是與日常經驗明顯不符的結果；(B) 同一件事去問兩個醫生後的結果，又稱矛盾。

□ 現象（的）**(phenomenal)**：關乎人類對於物體的感官經驗。「那是頂小紅帽」描述的是我們察覺到一樣物體呈現紅色且外型有如帽子的感官體驗；「哇，你的紅帽子太漂亮了，簡直是一種自然現象」則因爲太過浮誇而可能是想要聲東擊西。對比**本體論（的）**。

□ 現象學 **(phenomenology)**：是一種求知的方法。相對於比方說科學描述，現象學試圖把人類意識感知並理解到的現實給描述出來。進一步來講，現象學所描述的不是「時鐘上轉啊轉的時間」，而是人「真實活過的時間」，是這段時間裡的各種現象，是我們在這段時間裡的種種體驗。在自導自演的《曼哈頓》(*Manhattan*) 一片裡，伍迪艾倫的角色有句台詞是：「我幾乎都沒有性生活了——我們一星期才做兩次而已。」他這表達的是自己「真實活過的時間」與感受；而他在戲裡的老婆則振振有詞地說：「他一天到晚想要做那件事——我們一個星期做兩次耶！」

□ 後此謬誤 **(post hoc ergo propter hoc)**：一種邏輯上的謬誤，其拉丁文直譯便是「跟在什麼之後發生，就是因爲什麼發生」，亦即A事件走在B事件前面，就代表A事件必然是B事件的成因。《蘋果橘子經濟學》(*Freakonomics*) 一書曾點出一大堆這類的謬誤，其中最愛搞這種烏龍的慣犯就是爲人父母者。有些爸媽會說：「我的孩子肯定聰明，因爲我胎教時就放莫札特給他聽」，但這兩者間顯然並無關聯。孩子就算聰明，也多半是因爲他遺傳到聰明而書讀得高的爸媽，而這樣的爸媽愛聽莫札特的機率也較高。

☐ 實用主義 **(pragmatism)**：實用主義哲學所強調的是理論與實務之間的聯繫。由此按照威廉・詹姆斯的定義，眞正的理論必須是有用的理論，或是能產生其他知識的理論。這種定義有人覺得有用，有人覺得沒用。

☐ 理性主義 **(rationalism)**：理性主義的觀點是理性是通往知識主要的途徑，甚至是唯一的途徑。往往與理性主義分庭抗禮的是經驗主義，而經驗主義認爲感官經驗才是通往知識的坦途。傳統上，理性主義者會偏好理性，所持理由是感官出了名的靠不住，而根據感官得到的知識也因此同樣靠不住。理性主義者崇尚以理性導出的結論，因爲這些結論徹底地不容質疑，像「沒有比這更好的世界了」就是這樣的一種結論。那是個你眞的得自己親眼去看看的美好世界啊……

☐ 頓悟 **(satori)**：在佛學的禪宗裡，這是一種啓發的體驗，一種我們突然間看清自己是誰，看清世界是怎麼回事的經驗。就像嗆紅辣椒 (Red Hot Chili Peppers) 樂團的歌詞裡所說的：「要是還得問，那就代表你不知道。」

- 至高定言令式 **(supreme categorical imperative)**：康德哲學中高於一切的道德指導原則，其內容是人應該只以能放諸四海皆準的令則來行事。你可以將之想成是德文版的金科玉律，但是又不完全一樣。
- 綜合式陳述／命題 **(synthetic statement/proposition)**：綜合式陳述並非依照其定義而必然爲眞。比方說「馬英九穿軍靴」就是個綜合命題，因爲這句話提供了「馬英九」一詞的定義所無法提供的資訊。同樣的一個綜合命題，你把「馬英九」換成「馬友友」或任何一位平日形象與軍靴不搭的人物，都能成立。對比**分析式陳述／命題**。
- （目的論的）目的 **(telos)**：內在的目標。一顆橡實存在的目的，就在於長成一棵橡樹。同樣的，哲學系所研究生的存在目的，就在於在哈佛成爲終身職的教授，不過他或她更可能落得在家樂福 **(Carrefour)** 或好事多 **(Casco)** 打工就是了。
- 功利主義 **(utilitarianism)**：作爲道德哲學的一支，功利主義認爲能比其他行爲更爲受影響者帶來好處的行爲，才是正確的行爲。雖然說功利主義的初衷是希望爲最多的人帶來最大的效益，但在實務上你想要靠這一招來八面玲瓏，我們只能說小心到時候豬八戒照鏡子，裡外不是人，不信你可以在感恩節的晚上試著同時討好老母與岳母，看看自己能把功利主義實踐到什麼程度（東方人的話可以思考三個關鍵字：除夕、婆婆、娘家）。

誌謝

除了自己，我們還眞找不到別人願意寫這樣的一本書，但在肯定自己之餘，我們確實也想感謝兩位笑話大師，吉爾・艾斯納 (Gil Eisner) 與赫伯・克萊恩 (Herb Klein)，謝謝他們提供我們很多強大的哏。

羅伯・沃夫 (Robert Wolff) 是我們兩個在哈佛的哲學家教，我們能從事（挺像回事的）哲學思考，功勞要算在他身上。

比爾・休斯 (Bill Hughes) 與史蒂芬・畢拉普斯 (Stefan Billups) 是有如人體修圖機一般的神攝影師，他們鏡頭下的我們比本人更聰明、更風趣呢。

感謝瑪莎・哈靈頓 (Martha Harrington) 與沙契・藍普隆 (Satch Lampron)，也就是麻塞諸塞州康威鎭 (Conway) 上的雀巢客棧 (Nestle Inn) 主人，他們的耐心非常人能及，畢竟我們假雀巢客棧進行的最終校訂可是馬拉松等級。

一篇像樣的誌謝，怎麼能不對老婆跟女兒們豁出去肉麻一番。不用我點名了吧，好啦要做到這麼絕也行啦。我們鎖定要送上「姆～啊」的寶貝們有艾洛絲、芙蕾珂、伊絲帖與珊瑪拉（女兒們自然懂事又孝順，但若光靠孝順之心可以有相當於六千點的戰力，那她們的付出起碼已達一萬兩千點）。

我們特別想感謝茱莉亞・洛德出版經紀公司 (Julia Lord Literary Management) 的，嗯，茱莉亞・洛德。身爲我們的版權代理，她是一位聰明絕頂、智慧過人的奇女子，耐心之多更是沒有話說。

另外我們要一起向編輯安・特蕾絲曼 (Ann Treistman) 脫帽致意，明明我們都想收工去玩，是她一直堅持要我們把稿子一改再改，改了又改，直到文字變得更好、更精采。

還有大衛・羅森 (David Rosen)，也就是亞伯拉罕圖像出版社的 (Abrams Image) 的副總兼發行人。我們得說是他從一開頭就對本書一路相挺，也是他當起了我們哲學探險小隊的啦啦隊長。大衛，請受我們一拜。

最後我們想要對康德說一句遲了幾百年的對不起，很抱歉我們從來沒有眞正了解你，康哥你的苦，寶寶們懂。

——湯瑪斯・凱瑟卡與丹尼爾・克萊恩

國家圖書館出版品預行編目資料

哲學不該正經學：哈佛笑魁開的哲學必修課 / 湯瑪斯.凱瑟卡(Thomas Cathcart), 丹尼爾.克萊恩(Daniel Klein)著；鄭煥昇譯. —— 初版. —— 新北市：李茲文化, 2018. 06
面；公分

譯自：Plato and a platypus walk into a bar : understanding philosophy through jokes

ISBN 978-986-93677-8-3（平裝）

1. 哲學 2.通俗作品

100 107004815

哲學不該正經學：哈佛笑魁開的哲學必修課

作　　者：湯瑪斯・凱瑟卡 (Thomas Cathcart)、丹尼爾・克萊恩 (Daniel Klein)
譯　　者：鄭煥昇
責任編輯：莊碧娟
主　　編：陳家仁、莊碧娟
總 編 輯：吳玟琪

出　　版：李茲文化有限公司
電　　話：+(886) 2 86672245
傳　　真：+(886) 2 86672243
E-Mail: contact@leeds-global.com.tw
網　　站：http://www.leeds-global.com.tw/
郵寄地址：23199 新店郵局第 9-53 號信箱
P. O. Box 9-53 Sindian Taipei County 23199 Taiwan (R. O. C.)

定　　價：320 元
出版日期：2018 年 6 月 1 日 初版
2022 年 3 月 25 日 四刷

總 經 銷：創智文化有限公司
地　　址：新北市土城區忠承路 89 號 6 樓
電　　話：(02) 2268-3489
傳　　真：(02) 2269-6560
網　　站：www.booknews.com.tw

Change & Transform

想改變世界・先改變自己

Change & Transform

想改變世界・先改變自己